LE GUIDE
DE LA PERFORMANCE GLOBALE

*100 questions pour faire votre diagnostic
et établir votre plan d'action*

Éditions d'Organisation
1, rue Thénard
75240 Paris Cedex 05

Consultez notre site :
www.editions-organisation.com

Les publications du CJD

- *Construire le travail de demain, cinq tabous au cœur de l'actualité*, Éditions d'Organisation, 1994.
- *Ressources illimitées ou l'incroyable parcours d'une entreprise qui a osé se remettre en question et comment elle a réussi* – Cahiers du groupe de recherche économique et sociale n° 5, Vetter Éditions, 1995.
- *L'entreprise au XXIᵉ siècle*, Flammarion, 1996.
- *Pour l'entreprise, l'homme est capital*, Vetter Éditions, 1998.
- *Documents confidentiels*, Cahiers du groupe de recherche économique et sociale n° 6, Vetter Éditions, 1998.
- *Osez le Bonheur*, Cahiers du groupe de recherche économique et sociale n° 7, Vetter Éditions, 2002.
- *La surprenante histoire de Claude-Jean Desvignes, jeune dirigeant*, Éditions d'Organisation, 2004.

© Éditions d'Organisation, 2004
ISBN : 2-7081-3073-0

CJD
Centre des **J**eunes **D**irigeants d'entreprise

LE GUIDE
DE LA PERFORMANCE
GLOBALE

*100 questions pour faire votre diagnostic
et établir votre plan d'action*

Éditions
d'Organisation

CENTRE DES JEUNES
DIRIGEANTS D'ENTREPRISE

Le Centre des jeunes dirigeants d'entreprise, CJD, est une association créée en 1938 qui rassemble 2 500 chefs d'entreprise et cadres dirigeants animés par la commune conviction que l'économie doit être au service de l'homme et que la finalité économique de l'entreprise est indissociable de sa finalité sociale, sociétale et environnementale.

Le CJD est un mouvement patronal qui ne cherche pas à défendre les intérêts d'une catégorie mais à accompagner dans sa mission tout dirigeant conscient de ses responsabilités envers l'entreprise, les femmes et les hommes qui la composent et la société dans laquelle elle s'inscrit.

Ce livre est le reflet des réflexions et expérimentation que le CJD mène, depuis deux ans, sur la performance globale.

Nous adressons nos remerciements particuliers :

- à Alain Gavand, responsable de l'expérimentation « Développement de la performance globale » et de la conception de l'outil de diagnostic ;

- aux 500 jeunes dirigeants du CJD engagés dans l'expérimentation « Développement de la performance globale », qui ont travaillé pendant deux ans, chaque mois et en groupe, pour faire un diagnostic de la performance globale dans leur entreprise ;

- à tous les animateurs de commission Performance globale, ambassadeurs de la démarche, pour leur engagement et leur persévérance ;

- aux membres du comité de rédaction qui ont travaillé à l'élaboration de cet ouvrage : Sylvain Breuzard, Nathalie Crouzet, Rémi Bourguignon ;

- à Bruno Tilliette, qui a assuré la rédaction des textes d'introduction et des problématiques des chapitres « Parties prenantes » ;

- à Thierry Marneffe, pour sa contribution à la rédaction du questionnaire et à la définition des indicateurs ;

- à Michèle Buinet et Raphaële Fonsagrives qui nous ont aidés dans le recueil de témoignages ;

Le livre a été réalisé grâce au soutien du département Partenariats de la Caisse des dépôts et consignations, dirigé par Hugues Sibille.

Sommaire

La performance globale, un mouvement qui s'amplifie

Fin des années 1930, l'article 3 des statuts fondateurs du CJD indique qu'un des objectifs principaux de notre mouvement est de « *mettre en œuvre une économie au service de l'homme* ». Début des années 2000, les réflexions du monde intellectuel gagnent le monde politique et économique. On commence à y parler sérieusement de développement durable, de responsabilité sociale et environnementale de l'entreprise, de fonds de placement **éthiques***[1], d'agence de notation sociale. Et à comprendre que l'économie au service d'elle-même nous mène à notre perte.

Entre-temps, le CJD a lui-même poursuivi sa réflexion. En 1982, il publie la Charte du bien entreprendre où l'on peut lire, en préambule : « *Il ne peut y avoir d'entreprise sans les femmes et les hommes qui la composent, [...] sans un projet commun qui réunit tous les partenaires.* » Puis, en 1992, la Charte de l'entreprise citoyenne qui déclare : « *Les Jeunes Dirigeants ont*

---

1. Pour la définition des termes en gras suivis d'un astérisque, voir le glossaire en fin d'ouvrage.

conscience qu'animée par la seule logique économique, l'entre-prise risque de tarir ses propres sources de richesse. Le souci de pragmatisme et de performance à court terme occulte les voies durables de l'innovation et du développement. Aujourd'hui, la performance de l'entreprise n'a de sens que si elle se développe selon trois dimensions complémentaires :

- *La performance économique : elle honore la confiance des **actionnaires*** *et des clients et se mesure par des indicateurs que sont le bilan et le compte de résultat ;*

- *La performance sociale : elle repose sur la capacité de l'entre-prise à rendre les hommes acteurs et auteurs ;*

- *La performance sociétale : elle s'appuie sur la contribution de l'entreprise au développement de son environnement. »*

L'idée de performance globale venait de naître, même si nous ne l'appelions pas encore ainsi. Depuis, elle a fait son chemin qui croise désormais celui de beaucoup d'autres. Car il nous semble que jamais autant d'acteurs du monde économique et social, d'intellectuels et de politiques, de mouvements de citoyens n'ont partagé notre vision. C'est une grande satisfaction de la voir ainsi reconnue. Mais il ne faut pas sous-estimer le risque qu'elle soit dénaturée, galvaudée et qu'elle perde de son sens. Il est donc important de lui donner corps, de la faire vivre et de montrer qu'elle incarne l'avenir.

Une des finalités du CJD a toujours été d'accompagner ses membres pour les aider à mettre en œuvre cette économie au service de l'homme dans leur entreprise, au quotidien. Mais nous avons souhaité, en 2002, donner une nouvelle amplitude à ce passage à l'acte en nous engageant dans une expérimen-tation d'envergure. Nous avions, en même temps, un deuxième objectif : que des dizaines de milliers de petites et moyennes entreprises, faute d'informations ou de moyens, ne

© Éditions d'Organisation

restent pas en retrait de ce mouvement vers un développement plus équilibré. Au contraire, nous avons souhaité les mettre en position d'anticipation. D'autant plus que les grands groupes, pour récolter des capitaux, pour leur image, par conviction peut-être, se sont mis à prendre des initiatives dans le domaine de la responsabilité sociale et environnementale.

Notre démarche a donc été la suivante :

➤ début 2002, le concept de « performance globale » nous apparaît comme la meilleure traduction, pour l'entreprise, des notions de développement durable et de responsabilité sociale et environnementale. Cette traduction présente deux caractéristiques essentielles : elle a été établie par des dirigeants d'entreprise et elle intègre des valeurs de solidarité, de responsabilité, de loyauté et de respect de l'individu ;

➤ juin 2002, l'impulsion initiale est donnée, au sein de notre réseau, par la présentation et la diffusion d'un manifeste pour donner du sens à la performance ;

➤ septembre 2002, l'expérimentation est lancée et comporte trois étapes : sensibilisation, diagnostic dans l'entreprise, définition des axes de progrès et de leur mise en œuvre. Cinq cents dirigeants d'entreprise, de toute taille et de tout secteur d'activité, ont adhéré à cette expérimentation.

Un an après, le nombre de dirigeants qui se sentent concernés par la performance globale s'amplifie. Plus de 700 d'entre eux participent à l'élaboration d'une nouvelle charte du bien entreprendre (voir annexes) qui donne un contenu concret à la performance globale.

Ce guide s'appuie sur ces deux années d'expérimentation et en restitue les grands enseignements afin que tout dirigeant d'entreprise puisse s'approprier cette réflexion sur la performance globale et trouve les moyens de la mettre en œuvre dans son entreprise, avec les salariés, avec d'autres parties prenantes ou dirigeants d'entreprises.

Il est, en quelque sorte, le prolongement pratique et opérationnel d'un autre livre que nous venons également de publier. Celui-ci met en scène un jeune entrepreneur, qui, au travers de son journal personnel, s'interroge sur la manière d'entreprendre autrement et de développer une autre vision de la performance dans la tourmente d'une économie mondialisée et concurrentielle[1]. Nous espérons que ces ouvrages, dont le premier est plus centré sur le récit et la réflexion et le second sur l'action et la mise en œuvre, constitueront des supports complémentaires et utiles à la diffusion de nos idées.

Car nous pensons, comme je le soulignais déjà dans la préface du premier livre, qu'au-delà même de notre mouvement, d'autres responsables d'entreprise sont proches de nos aspirations humanistes. Et nous sommes persuadés que la démarche de performance globale, loin d'être une utopie, est une des clés de la pérennité de nos entreprises.

Sylvain BREUZARD
Président national du CJD

---

1. *La surprenante histoire de Claude-Jean Desvignes, jeune dirigeant,* Éditions d'Organisation, mars 2004.

Un chemin vers la performance globale

« *La responsabilité sociale* de l'entreprise est d'accroître ses profits.* » Dans un texte, paru dans le *New York Times Magazine*, le 13 septembre 1970, l'économiste très libéral, Milton Friedman, développe ainsi l'idée que la seule responsabilité d'une entreprise consiste à « *utiliser ses ressources et à s'engager dans des activités destinées à accroître ses profits, pour autant qu'elle respecte les règles du jeu, c'est-à-dire celles d'une compétition ouverte et libre sans duperie ni fraude* ».

Pour lui, la responsabilité sociale de l'entreprise, au sens où nous l'entendons, est une doctrine fondamentalement subversive qui introduit une dangereuse dimension morale dans une guerre économique qui demande courage et bravoure pour l'emporter. Il préfère penser, selon la théorie néoclassique à laquelle il adhère, que la maximisation des profits va entraîner à son tour, comme par enchantement, l'élévation du bien-être social général.

Trois décennies plus tard, cette idéologie récurrente du capitalisme depuis ses origines, et qui continue à avoir ses adeptes, n'a guère fait la preuve de la justesse de ses vues et encore moins de la justice de son approche. À quelque échelle que l'on se place, on ne peut que constater que ce libéralisme à tout crin ne cesse de creuser l'écart entre les plus riches et les plus pauvres. Mais, surtout, il accentue les déséquilibres sociaux, au risque de provoquer des réactions violentes de la part de ceux qui n'ont plus rien à espérer, et il provoque, par son consumérisme effréné, des dégradations irréversibles de notre environnement. C'est-à-dire que dans sa logique folle, il compromet, à terme, le bien-être même de ses propres thuriféraires. S'il croit que la main des marchés est invisible, c'est que ce capitalisme-là est depuis longtemps aveugle à la réalité.

L'ENTREPRISE FAIT SOCIÉTÉ

Si l'entreprise est certainement le meilleur outil inventé par l'homme pour créer des richesses (y en a-t-il d'autres ?), comment certains ont-ils pu en arriver à soutenir que sa seule finalité est de générer le maximum de profits, quoi qu'il en coûte en négation de l'humain et en destruction de la nature ? Le genre humain aurait-il choisi de créer une telle institution contre lui-même ? L'entreprise est d'abord un lieu social où se réunissent des hommes et des femmes qui travaillent ensemble à des projets communs : son nom juridique n'est-il pas « société » ? Elle est implantée sur un territoire avec lequel elle a des échanges permanents. Elle n'a de raison d'être et de sens, en fin de compte, que pour et par la société « civile » qui l'abrite et dont elle est partie prenante.

On s'étonne d'avoir encore à le rappeler. La responsabilité sociale et environnementale de l'entreprise ne vient pas se greffer comme une verrue morale sur sa responsabilité économique. Au contraire, la prise en compte simultanée de ces trois dimensions, qui sont inextricablement liées, conditionne son bon développement et sa pérennité. Cela a toujours été vrai pour l'économique et le social, comme l'avait compris Henry Ford. Il n'y a pas de croissance économique possible à long terme sans progrès social pour la soutenir. Ni d'amélioration sociale sans moyens pour la financer. Ce n'est que plus récemment que nous avons commencé à prendre conscience de l'importance de la dimension environnementale : nous ne devons pas épuiser la terre d'où nous tirons, justement, l'essentiel de nos richesses et de notre bien-être.

AUX ORIGINES DU DÉVELOPPEMENT DURABLE

Il existe heureusement un courant de pensée qui va à l'encontre des théories « friedmaniennes » et qui cherche à répondre à la brutalité de la globalisation économique par une vision globale qui combine et articule les trois dimensions. Cette vision se traduit par différents concepts dont le premier est celui du « **développement durable*** ».

Celui-ci a été défini en 1987 comme un « *développement qui permet aux générations présentes de satisfaire leurs besoins, sans empêcher les générations futures de faire de même* », et présenté ainsi à l'assemblée générale de l'ONU. Puis, au sommet de la Terre, en 1992, à Rio de Janeiro, 178 nations ont établi la liste des principales étapes devant nous mener à un développement durable, dans un document fondateur qui forme une sorte de « programme commun » pour le XXIe siècle : l'Agenda 21. Celui-ci en pose les trois axes fondamentaux : l'équité sociale, le respect de l'environnement et la croissance économique. Il précise que ces trois objectifs doivent être poursuivis simultanément et que c'est à chaque État, aux acteurs publics et privés de l'adapter pour orienter leur propre stratégie de développement. Et il insiste sur trois principes :

- le principe de précaution, destiné à éviter l'irréparable, qui privilégie une approche préventive plutôt que curative (deux conditions de mise en œuvre : la gravité présumée du risque et l'incertitude scientifique qui affecte l'appréhension du risque) ;

- le principe de solidarité avec les générations futures et avec l'ensemble des populations de la planète (selon l'idée, également, que celui qui cause des dégâts doit les réparer) ;

- le principe de participation de tous les acteurs de la société aux **processus de décision*** (« *tous concernés, tous acteurs, tous décideurs* »).

À la suite de la conférence de Rio, le protocole de Kyoto, en 1997, oriente le développement durable vers un développement « propre », par la réduction notamment de l'émission des gaz à effet de serre.

SHAREHOLDERS ET STAKEHOLDERS

C'est dans ce même esprit qu'apparaissent, parallèlement, différentes notions plus directement liées à l'entreprise. La théorie des *stakeholders** apparaît aux États-Unis au début des années soixante. Les *stakeholders* (littéralement, ceux qui ont un intérêt dans l'entreprise) sont les **parties prenantes***, par opposition aux *shareholders** (actionnaires). Cette théorie implique que la finalité de l'entreprise n'est plus uniquement de satisfaire le besoin de maximisation des actionnaires, mais d'atteindre un équilibre équitable entre les différents groupes de personnes qui sont impliqués, de près ou de loin, dans l'entreprise : salariés, clients, fournisseurs, gouvernement, communauté locale, société, banquiers, groupes représentant des intérêts spécifiques…

C'est à partir de là que naît l'idée de **responsabilité sociale***
et environnementale qui veut que l'entreprise s'engage sur ses
pratiques dans ces domaines et accepte d'en rendre compte
sous forme d'un bilan spécifique auquel sont désormais léga-
lement soumises les grandes entreprises. Ainsi, en France, un
décret d'application de la loi sur les nouvelles régulations économiques (**Loi NRE*** de 2001) rend obligatoire, pour les
sociétés cotées sur un marché réglementé, la fourniture, dans
leur rapport annuel, d'informations sur les conséquences
sociales, territoriales et environnementales de leurs activités.

Allant dans le même sens, certaines entreprises, souvent à
l'instigation des consommateurs des pays développés, se
réclament du « **commerce éthique*** ». Cette expression
s'inspire et s'oppose, à la fois, au « **commerce équitable*** ».
Elle désigne les démarches qui visent à rendre le commerce
actuel plus responsable, sans pour autant y intégrer les principes du commerce équitable (travail avec les plus pauvres,
attention portée à la contribution au développement local,
etc.). On considère ainsi que font partie du commerce éthique les efforts faits par les entreprises pour s'assurer du respect par leurs fournisseurs des pays du Sud de **normes***
« minimales » portant sur les conditions de travail (pas de travail des enfants ni de travail forcé, rémunération correcte,
non-discrimination, santé et sécurité au travail, etc.).

INSTRUMENTS D'ÉVALUATION

Derrière ces notions, pour en mesurer l'application concrète
et leur donner un cadre de référence, se développent des ins-
truments d'évaluation et des normes que l'on peut classer en
trois catégories : le *rating* social (ou sociétal), les **codes de
bonne conduite*** volontaires, les démarches de management
de progrès.

➤ Le *rating* social est une notation qui repose sur un certain nombre d'**indicateurs*** définis par des agences spécialisées indépendantes évaluant les entreprises sous cet angle. Cette **notation*** est désormais indispensable pour les grandes entreprises. Elle est un élément de leur valorisation boursière au sens où, par exemple, elle permet de voir si une mauvaise gestion sociale ou environnementale ne produira pas des coûts cachés (plans sociaux, réhabilitation d'un site…).

➤ La recherche d'une certification par rapport à une norme relève d'une démarche volontaire. Ainsi, la norme **SA 8000***, qui date de 1997, a pour objectif de créer un standard international permettant de vérifier que les pratiques commerciales d'une entreprise sont socialement responsables. Son système est fondé sur celui des normes ISO 9000 et **ISO 14000*** pour le respect de l'environnement. Il existe d'autres outils, souvent d'inspiration anglo-saxonne, comme le *Global Reporting Initiative*** du Ceres (Coalition of Environmentally Responsible Economies), qui propose une série d'indicateurs de performance sociale et environnementale, ou la Charte des entreprises pour le développement durable, publiée par la Chambre de commerce internationale et à laquelle 130 pays et 2 300 entreprises ont adhéré.

➤ Enfin, plus orientées vers le management, on trouve des démarches comme l'EFQM (*European Foundation for Quality Managment*) qui a une approche globale du management ou le **guide SD 21000*** de l'AFNOR (SD pour *Sustainable Development*), publié en mai 2003 et qui a pour objectif : « *d'apporter une aide à la réflexion initiale pour la prise en compte du développement durable et de la responsabilité sociétale des entreprises lors de l'élaboration de leur politique et de leur* **stratégie*** ».

AVANTAGE CONCURRENTIEL

De plus en plus d'entreprises semblent, donc, aujourd'hui prêtes à s'engager sur la voie d'un développement mieux maîtrisé et plus respectueux des hommes et de la planète. Elles y sont poussées par la loi et par la pression de l'opinion publique. D'aucunes y voient surtout l'occasion de redorer leur blason et de se faire un peu de publicité mais en restent au niveau du discours. D'autres ont senti que la soumission au profit maximal devenait de plus en plus improductive et les mettait en danger à moyen terme. Les dernières, les plus avancées, ont compris que leur intérêt particulier rencontrait ici doublement l'intérêt général, pour peu qu'elles ne restent pas les yeux rivés sur une gestion à courte vue.

Il s'agit d'abord, pour elles, de ne pas être prises de court par une série de réglementations sociales et de normes environnementales de production qui vont s'imposer bientôt à toutes les entreprises[1]. En anticipant, elles prennent le temps d'expérimenter des solutions adaptées à leur fonctionnement et elles éviteront d'être déstabilisées par l'arrivée de ces règles. Ce faisant, elles préfèrent s'appuyer sur ces nouvelles contraintes pour innover et se développer plutôt que de les subir passivement.

D'où un second bénéfice : elles pourront offrir des produits et des services innovants, élaborés selon des critères de responsabilité sociale et environnementale qui leur donneront un avantage concurrentiel non négligeable aux yeux de leur clientèle, qu'il s'agisse des consommateurs finaux ou d'autres entreprises.

---

1. Sans doute directement par la loi, mais aussi très rapidement par un effet de cascade : le bilan social et environnemental des grandes entreprises s'étend aux produits et services fournis par leurs sous-traitants. Celles-ci devront donc leur demander des comptes dans ce domaine et se séparer de ceux qui les mettent en porte-à-faux.

© Éditions d'Organisation

LE DÉVELOPPEMENT DURABLE DE L'ENTREPRISE

Concilier les finalités économique, sociale et environnementale des entreprises, c'est donc aller dans le sens de l'avenir et de la construction d'un modèle de croissance pérenne. Ce n'est pas au CJD qu'il faut le rappeler, lui que des chefs d'entreprise ont fondé, en 1938, sur cette conviction première, comme le rappelle Sylvain Breuzard, l'actuel président national, dans sa préface. Nous voyons aujourd'hui reconnus les principes qui ont toujours été les nôtres : le profit ne saurait être une fin en soi, il n'a de sens que s'il sert au bien-être et à la préservation de l'humanité, donc également de son environnement naturel. Nous avons, à cet égard, nous aussi, un certain avantage concurrentiel : 65 ans de réflexions, d'expérimentations et de propositions concrètes pour une entreprise durable et soucieuse de ne pas s'opposer à l'intérêt général.

Ainsi, notre vision du développement durable, nous la traduisons, pour l'entreprise, en termes de « performance globale », c'est-à-dire une performance qui dépasse la seule performance économique pour intégrer, dans un même mouvement, la performance sociale, qui pose la question de la place de l'homme dans l'entreprise, et la performance sociétale, qui s'appuie sur la contribution de l'entreprise au développement de son environnement et qui s'interroge également sur la place de l'entreprise dans la société.

Se dégageant du modèle du tout économique (l'entreprise au service des actionnaires ou des clients), la performance globale veut prendre en compte les intérêts des autres parties prenantes (salariés, environnement sociétal, fournisseurs, environnement naturel) en cherchant à les satisfaire de la manière la plus équilibrée et la plus équitable possible, sans compromettre le développement même de l'entreprise.

C'est en cela qu'elle se distingue du développement durable : elle raisonne à partir de l'entreprise, de l'ensemble de ses acteurs, de ses besoins, de ses réalités, alors que celui-ci est plus centré sur la seule dimension environnementale. Elle résulte d'une négociation permanente entre les différents domaines économiques, sociaux, sociétaux et environnementaux. Elle nécessite de transformer les contradictions en complémentarités et d'arbitrer entre des échelles de temps différentes. Elle oblige à faire des choix et à prendre ses responsabilités.

UN GUIDE POUR AGIR

Des membres du CJD expérimentent cette démarche vers la performance globale depuis plus de deux ans dans leur entreprise. Pour les aider, nous avons élaboré, avec eux et avec des experts, un guide d'auto-diagnostic qui est donc conçu par et pour des chefs d'entreprise, qui a été testé, corrigé et amendé par eux. Certains ont d'ailleurs bien voulu témoigner pour expliquer la manière dont ils se sont appropriés la démarche et ce qu'elle a apporté à leur entreprise.

Ce guide répond, nous avons pu le vérifier, à un besoin réel de s'y retrouver dans une approche qui oblige à transformer ses habitudes et ses modes de pensée traditionnels. S'il existe des livres d'information et de réflexion sur le développement durable, il n'y a pas de méthode qui permette de s'engager pas à pas dans cette voie, en particulier pour des responsables de PME qui n'ont pas les moyens de rémunérer des conseils extérieurs. Il nous semble, dès lors, naturel de mettre ce guide à la disposition de tous ceux qui se sentent concernés par la recherche de performance globale. Les dirigeants donc, mais aussi les parties prenantes internes et externes, volontaires et involontaires : chacun y trouvera un cadre d'analyse, des repères, un questionnement qui devraient lui permettre de passer à l'action.

Nous avons voulu être le plus concret et le plus simple possible pour rendre la notion de performance globale accessible et ses applications réalisables sur le terrain. En 100 questions, l'entreprise (et son dirigeant) pourra, d'une part, évaluer ses forces et ses faiblesses, ses atouts et ses manques par rapport aux exigences de ses responsabilités économique, sociale et environnementale, et, d'autre part, définir des axes d'amélioration à mettre en œuvre sous forme de plan d'action. Quoiqu'il advienne par la suite, cet effort d'auto-diagnostic, d'analyse de l'existant, ne peut que lui être profitable puisqu'il constitue une occasion de prendre du recul par rapport aux pratiques quotidiennes.

UN INSTRUMENT DE PILOTAGE

Pour autant, il ne faut pas cacher que la démarche dans son ensemble repose sur un engagement dans la durée puisqu'il s'agit, en quelque sorte, d'aborder des problèmes qui se présentent dans toute leur complexité : complexité des rapports humains, complexité des interactions économiques, complexité des mutations sociales, incertitudes techno-scientifiques, incertitudes sur l'avenir. La performance globale est un instrument de pilotage très efficace pour nos entreprises plongées aujourd'hui dans ce monde complexe et incertain, mais il faut du temps pour en comprendre le fonctionnement, se l'approprier et le manier avec toute la dextérité nécessaire. Cela n'empêche pas qu'un maniement encore rudimentaire permette d'obtenir des résultats rapides et encourageants. L'important est de commencer.

Telle est d'ailleurs l'ambition essentielle de ce guide : faire prendre conscience aux dirigeants qu'ils peuvent sortir de l'impasse où une vision trop réductrice de l'économie a pu les enfermer. Nous savons qu'ils sont nombreux à vouloir construire des entreprises plus humaines. Puisse cet ouvrage les inciter à trouver leur propre chemin vers la performance globale !

Alain GAVAND
Responsable de l'expérimentation
« Développement de la performance globale »
et de la conception de l'outil de diagnostic.

Comment vous servir de ce guide ?

L'objectif de ce guide est de vous permettre de piloter l'entreprise vers une logique de **performance globale*** qui prenne en compte toutes les finalités de l'entreprise (économique, sociale et environnementale).

Pour cela, nous vous proposons :

- de vous poser les questions pertinentes,
- d'élaborer un diagnostic,
- d'identifier les points d'amélioration.

DÉMARCHE GÉNÉRALE

Le métier de dirigeant nécessite des principes de **gouvernance*** efficaces. Ces principes demandent :

- de se questionner sur ses **valeurs*** et celles de l'entreprise,
- de projeter l'entreprise dans l'avenir et définir une **stratégie*** à moyen terme,

- de mettre en place des **processus de concertation et de décision*** avec ses parties prenantes.

La première partie du diagnostic (« Les principes de gouvernance ») doit vous permettre de définir en quoi ces principes sont satisfaisants dans votre entreprise et comment ils pourraient évoluer.

Après une nécessaire interrogation sur la performance économique, la suite du diagnostic est articulée autour des six **parties prenantes*** de l'entreprise (clients, fournisseurs, salariés, environnement naturel, environnement sociétal, actionnaires ou associés).

Pour chacune de ces parties prenantes, vous serez amené à vous interroger sur la stratégie que vous mettez en place. Vous ne manquerez pas de vérifier si elle est en cohérence avec les principes de gouvernance et la performance économique de l'entreprise. Puis, en fonction des enjeux spécifiques de votre entreprise et de pratiques que vous jugez non satisfaisantes, vous effectuerez une synthèse des points d'amélioration.

Une fois collecté l'ensemble des points d'amélioration pour chaque partie prenante, vous sélectionnerez, dans une synthèse générale, ceux que vous souhaitez mettre en œuvre en priorité et donc décliner en plan d'action.

Pour chaque chapitre, les introductions ont pour objectif de définir le cadre de réflexion dans lequel se situe le questionnaire. Et les témoignages recueillis auprès des membres du CJD illustrent la manière dont chacun peut essayer de mettre en œuvre la démarche de performance globale.

Récapitulatif des principales étapes

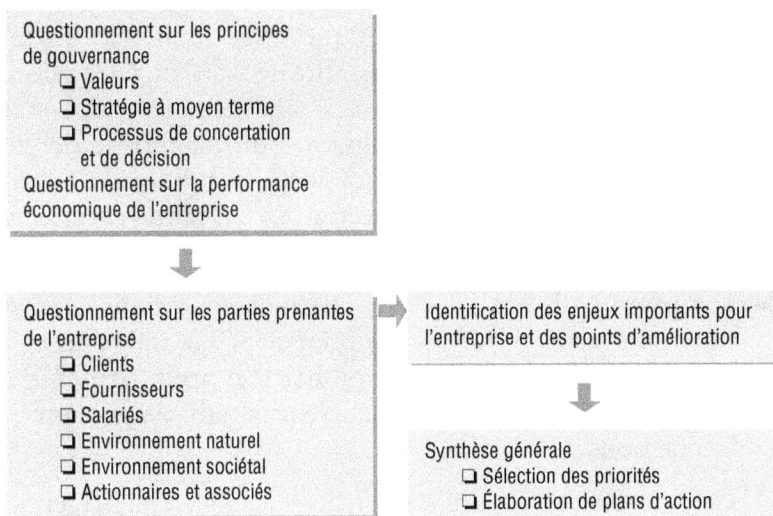

Questionnement sur les principes
de gouvernance
- ❏ Valeurs
- ❏ Stratégie à moyen terme
- ❏ Processus de concertation
  et de décision
Questionnement sur la performance
économique de l'entreprise

Questionnement sur les parties prenantes
de l'entreprise
- ❏ Clients
- ❏ Fournisseurs
- ❏ Salariés
- ❏ Environnement naturel
- ❏ Environnement sociétal
- ❏ Actionnaires et associés

Identification des enjeux importants pour
l'entreprise et des points d'amélioration

Synthèse générale
- ❏ Sélection des priorités
- ❏ Élaboration de plans d'action

AVEC QUI ÉLABORER CE DIAGNOSTIC ?

La méthode que vous adopterez reflétera le mode managérial existant dans l'entreprise ou sera l'occasion de passer à un mode plus participatif.

Trois approches sont possibles :

➤ **Diagnostic réalisé par le dirigeant**. Vous pouvez élaborer ce diagnostic seul en tant que dirigeant. Cela peut être une première étape, en particulier lorsque la culture de l'entreprise en termes de dialogue et de relation de confiance avec les parties prenantes n'est pas encore propice à une plus grande implication.

➤ **Diagnostic réalisé par l'équipe de direction**. Vous pouvez le réaliser avec le comité de direction ou en constituant un comité de pilotage. L'intérêt est d'enrichir le questionnement par la pluralité des points de vue. C'est aussi une manière de créer une dynamique et de limiter les risques d'abandon en cours de route, faute de soutien. Cela permet également de structurer la démarche dans le temps et de répartir les rôles pour la réalisation du diagnostic de chacune des parties prenantes. Là aussi, la culture de l'entreprise et les structures de concertation existantes faciliteront la démarche.

➤ **Diagnostic global**. Enfin, la méthode que nous préconisons est d'associer les parties prenantes à la réflexion et au diagnostic de performance globale, et tout particulièrement les collaborateurs de l'entreprise, afin de générer des interactions vertueuses.

Cela nécessite non seulement de recueillir leur perception mais aussi de les associer à la démarche et à la mise en œuvre des plans d'action. Car le dialogue ne sert pas seulement l'évaluation mais est aussi un élément constitutif de la performance globale, un principe de gouvernance.

Il faut, dans une telle optique, accepter d'être remis en cause mais aussi de développer des compétences de médiation. Et s'assurer de disposer d'un terrain propice au dialogue et d'interlocuteurs de confiance qui ont une approche constructive.

Les acteurs de la démarche

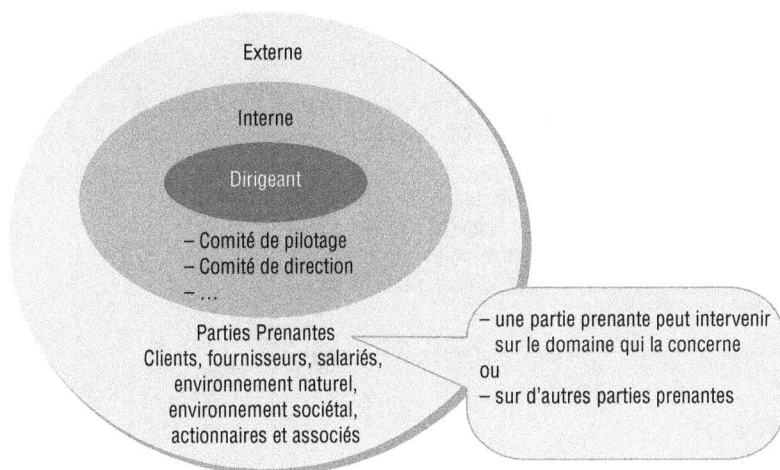

Les trois approches qui viennent d'être décrites peuvent aussi être considérées comme des étapes successives de la démarche : le dirigeant fait un rapide diagnostic personnel, il le partage avec son encadrement, puis il l'étend à l'ensemble de l'entreprise et des parties prenantes.

LES DIFFÉRENTES ÉTAPES

Nous vous proposons ci-dessous un plan de travail qui correspond à la méthode préconisée et qui est donc à adapter en fonction de votre situation particulière et de la méthode que vous aurez retenue pour élaborer votre diagnostic. Il s'agit d'un travail de fond sur l'ensemble des domaines de l'entreprise qui nécessitera deux à trois mois de réalisation pour l'ensemble des étapes.

Plan de travail et calendrier

Contenu	Résultat attendu	Calendrier
Étape 1 : réflexion et appropriation du dirigeant		
– Première lecture générale du guide en insistant sur l'introduction principale et celles des différents chapitres ; – Éventuellement, approfondissement de la réflexion par des lectures (cf. bibliographie et sites page 213) et des échanges avec d'autres dirigeants qui ont avancé sur des sujets tels que le développement durable, la responsabilité sociale des entreprises…	Avoir compris l'approche performance globale.	Semaine 1
Étape 2 : sensibilisation des acteurs internes de l'entreprise		
Organisation d'une réunion de lancement de la démarche performance globale. Objectifs : ❏ présenter le concept de performance globale, ❏ identifier les incidences sur l'entreprise, ❏ faire comprendre les enjeux, ❏ recueillir les perceptions des acteurs, ❏ susciter l'adhésion au projet. Participants : vous pouvez inviter les instances représentatives du personnel, le comité de direction, les représentants des différents services ou des différents sites de l'entreprise, des représentants des différentes catégories de personnel. L'information sera ainsi relayée par les participants auprès de l'ensemble des salariés de l'entreprise, soit par des réunions d'information, soit par un document conçu à cet effet.	L'engagement des acteurs de l'entreprise dans la démarche.	Semaine 2
Étape 3 : phase diagnostic		
– Constituer un groupe de travail. Participants possibles : un représentant de la direction, un représentant des salariés, un chef de projet… Objectifs : ❏ communiquer tout au long de la démarche auprès des salariés de l'entreprise, ❏ coordonner le diagnostic, ❏ élaborer et suivre les plans d'action. – Définir les différentes parties prenantes internes ou externes que l'on interrogera sur certains chapitres du questionnaire.	Schéma de conduite du projet.	Semaine 3

– Renseigner les questionnaires de diagnostic des chapitres « Principes de gouvernance », « Performance économique » et « Parties prenantes ». En réaliser les synthèses.	Guide renseigné.	Semaines 4/5/6
Étape 4 : synthèse générale		
Pour chaque chapitre « Partie prenante », le groupe de travail confronte les évaluations réalisées par le dirigeant et les parties prenantes interrogées, et les points d'amélioration identifiés. Il retient de ce croisement les points de consensus qui seront traités à la fin.	Plan d'action formalisé.	Semaine 7
À partir de l'ensemble des points d'amélioration finalement retenus, le groupe sélectionne ceux qu'il juge prioritaires. Il les décline en plans d'action.		Semaines 8/9/10
Définition des modalités des plans d'action.		Semaines 11/12

COMMENT REMPLIR LE DIAGNOSTIC SUR LES PARTIES PRENANTES ?

Pour chaque question aussi bien des rubriques « Stratégie » que « Mise en œuvre » ou « Indicateurs » :

➤ **Vous devez identifier si la question porte sur un enjeu important ou non** au regard de la stratégie et des valeurs de votre entreprise dans une logique de performance globale. Ces enjeux dépendent du secteur d'activité, de la taille, du territoire et des spécificités de l'entreprise.

➤ Pour cette même question, **vous indiquez si les moyens mis en œuvre par l'entreprise pour réaliser cet enjeu vous paraissent satisfaisants ou non.**

➤ Les rubriques commentaires vous permettront de prolonger la réflexion et d'approfondir le travail sur les enjeux ou les dysfonctionnements de l'entreprise au regard de ses objectifs.

Exemple
Choix et poids des clients

	Enjeu très important	Enjeu moins important	Niveau très satisfaisant	Niveau moins satisfaisant
39. Comment l'entreprise choisit-elle ses clients ? – Elle n'effectue aucune sélection des clients – Elle effectue une sélection des clients en fonction de : ❑ leur capacité financière à honorer la demande ❑ leur éloignement géographique/ coût des transports et des déplacements ❑ des risques autres que financiers ❑ de critères propres à l'entreprise ❑ de critères éthiques ❑ de critères environnementaux ❑ de critères sociaux ❑ autres (précisez) :	Ⓧ			Ⓧ

Commentaires :
L'entreprise, société de conseil, s'est rendu compte que dans la réalisation de projets, ses consultants rencontrent des difficultés quand il existe un décalage éthique important avec ses clients.
D'où certains dysfonctionnements dans la réalisation qui ne sont identifiés qu'en milieu de mission, alors que les arbitrages, notamment le refus de travailler avec certains clients, devraient être effectués avant le lancement du contrat.

À la fin de chaque chapitre « Partie prenante », vous trouverez des tableaux de synthèse pour reporter les enjeux sélectionnés et leur niveau de réalisation. Vous disposez d'un tableau pour votre propre évaluation, d'un tableau pour la partie prenante à qui vous avez décidé de soumettre également ce questionnaire et d'un tableau pour croiser ces deux évaluations.

En croisant l'importance des enjeux avec votre évaluation du niveau de pratique, vous pourrez ainsi identifier les principaux points sensibles sur lesquels agir pour progresser vers la performance globale.

Si plus de cinq points sensibles apparaissent dans le cadre en haut à droite, il est préférable d'entourer celles qui vous semblent prioritaires afin de pouvoir, à l'issue du diagnostic complet, transformer en plans d'action les points d'amélioration qui demandent une solution immédiate.

COMMENT INTERPRÉTER LES RÉSULTATS ?

➤ Un enjeu très important dont le niveau de réalisation est jugé peu satisfaisant demande évidemment de mettre en œuvre des processus d'amélioration.

➤ Un enjeu jugé peu important, dont le niveau de réalisation est faible, ne nécessite pas qu'on s'y attarde. Cela montre une certaine cohérence de gestion. De même pour un enjeu important dont la prise en compte est très satisfaisante.

➤ Enfin, un enjeu secondaire qui se verrait traité avec beaucoup d'attention devrait appeler à s'interroger sur la juste répartition des efforts de l'entreprise : faut-il autant de temps, d'énergie et de moyens pour le réaliser ?

LES INDICATEURS

À la suite de chaque chapitre « Partie prenante », vous trouverez des exemples d'**indicateurs***. Il ne s'agit pas, ici, de dresser une liste exhaustive, ni même une liste « d'indispensables », mais plutôt de présenter quelques exemples qui ont vocation à expliciter le questionnaire et à vous aider dans le développement de votre stratégie vers la performance globale de votre entreprise. En effet, en vertu des critères que nous décrivons ci-dessous, certains indicateurs pourront être pertinents en fonction des caractéristiques de l'entreprise (taille, secteurs d'activité, type d'organisation...) alors que d'autres ne lui seront pas applicables. Ces indicateurs sont notamment inspirés des orientations fournies par la **loi NRE*** et par le **GRI***.

Un indicateur est une information quantitative ou qualitative qui doit aider l'entreprise à déployer sa stratégie. C'est, alors, un outil de management. Cette très brève définition nous amène déjà à distinguer deux types d'indicateurs :

➤ **Les indicateurs de résultats.** Ils mesurent directement l'atteinte d'un objectif et peuvent, en cela, servir de critère d'évaluation d'une entreprise, d'un service ou d'un collaborateur.

➤ **Les indicateurs d'aide à la décision.** Ils ont vocation à fournir aux responsables l'information dont ils ont besoin pour décider.

L'organisation et la disponibilité de ces informations sont essentielles à leur efficacité. Ainsi, l'élaboration d'un tableau de bord peut regrouper des indicateurs quantitatifs et/ou qualitatifs de précision variable selon l'intérêt et la complexité de l'élément mesuré.

SYNTHÈSE GÉNÉRALE POUR LE DIAGNOSTIC D'ENSEMBLE

Vous pourrez, une fois que vous aurez traité l'ensemble des parties prenantes, reporter dans un tableau de synthèse, en fin d'ouvrage (p. 189), tous les points sensibles identifiés. Y seront alors répertoriés les enjeux les plus importants, mais l'entreprise ne pourra pas agir sur tous les leviers en même temps. C'est pourquoi nous vous proposons d'indiquer pour chaque point un degré de priorité pour ne retenir, dans un premier temps, que les points nécessitant une action immédiate et en cohérence avec les principes de gouvernance et la performance économique de l'entreprise.

Il vous sera ensuite proposé de décliner un plan d'action pour ces points identifiés comme prioritaires. Puis, au fur et à mesure, d'aborder les points suivants.

Nous insistons sur le fait que le travail d'évaluation et d'identification n'est pas une fin en soi. Vous aurez peut-être besoin de vous entourer de conseils, de compléter le diagnostic par d'autres outils... L'intérêt de l'entreprise engagée dans une telle démarche n'est pas de s'en tenir au constat. Elle ne prendra tout son sens que par le passage à l'acte.

Attention !

➤ Ce travail de diagnostic n'est pas simple à réaliser puisqu'il sort de la seule logique économique pour intégrer des finalités plurielles. Nous touchons ici à la complexité, nous sommes dans une approche globale qui aborde toutes les dimensions de l'entreprise.

➤ Cette manière de voir n'entre pas, *a priori*, dans le quotidien de tous les dirigeants d'entreprise. Un dirigeant est souvent plus compétent dans tel ou tel domaine : stratégie, gestion, management, commercial. Mais il est rare qu'il soit performant dans tous les domaines alors que la performance globale nécessite d'appréhender toutes les facettes de l'entreprise. Cela sera donc aussi, pour lui, l'occasion de s'interroger sur ses compétences et de développer celles qui lui manquent.

➤ Par ailleurs, ce guide s'adresse aux entreprises de toutes tailles, mais plus particulièrement aux PME, de tout secteur d'activité et statut juridique. À chacun donc de ne prendre en compte que les questions qui concernent son entreprise, sans s'arrêter sur les questions étrangères à son contexte particulier.

➤ Il ne s'agit pas d'un livre de recettes uniformément applicables en tous moments et en toutes circonstances, mais bien d'un guide d'auto-diagnostic qui doit permettre au chef d'entreprise de prendre du recul sur ses pratiques managériales pour mieux définir la stratégie globale qui permettra à son entreprise de se développer durablement.

Témoignage

Le guide d'auto-diagnostic : un outil pour avancer

Jean-Michel Lehembre dirige, à Lille, l'entreprise CVP, 25 salariés, qui apporte des solutions anticipatrices et/ou quotidiennes en packaging pour l'industrie pharmaceutique, alimentaire et pour les produits chimiques dangereux.

Jean-Michel Lehembre a commencé à renseigner le guide d'auto-diagnostic seul, ce qui lui a permis de faire un état des lieux de son entreprise concernant son rapport aux différentes parties prenantes. « Mais remplir ce guide seul, c'est aussi se parler à soi-même. À quoi bon ? » Pour que le travail soit profitable à tous, il décide alors de faire de chaque partie prenante un thème de réflexion pour le comité de direction. À chaque séance, les membres du comité présentent la partie sur laquelle ils ont travaillé. Un collaborateur est chargé de faire la synthèse.

« Ce travail a été très éclairant, explique Jean-Michel Lehembre, puisqu'il a mis en lumière les écarts qui pouvaient exister entre les réponses des uns et des autres sur une même partie prenante. Chacun ayant des responsabilités et des parcours différents, le directeur financier, par exemple, ne portait pas le même regard sur les fournisseurs que le directeur des achats ou celui de la communication. Cela nous a également permis de nous apercevoir que nous n'étions pas en mesure de répondre à certaines questions. » Loin de considérer cela comme une lacune, Jean-Michel Lehembre décide de s'appuyer sur les points de désaccord pour faire avancer l'entreprise.

Au-delà d'un état des lieux pertinent sur les pratiques de l'entreprise envers ses parties prenantes, la réflexion engendrée par le guide d'auto-diagnostic a aussi permis à chacun de mieux comprendre le métier de l'autre, et de situer son niveau de connaissance par rapport au fonctionnement général de l'entreprise.

LES PRINCIPES
DE GOUVERNANCE

1

Donner de la cohérence et du sens à l'action

La performance globale est d'abord une recherche d'équilibre. Il s'agit, on l'a dit, de concilier au mieux les intérêts – souvent contradictoires et, à tout le moins, divergents – des différents acteurs de l'entreprise. Dans cette perspective, le chef d'entreprise revêt de plus en plus souvent le costume de l'arbitre. Mais c'est un arbitre un peu particulier. Il doit, en effet, faire respecter les règles économiques, juridiques, financières, sociales, communes à toutes les entreprises et imposées de l'extérieur, par la législation, le marché ou la concurrence. Et il doit, en même temps, faire respecter des règles du jeu, intérieures à l'entreprise, qu'il a lui-même définies en termes de stratégie, de management, de dialogue, de responsabilité.

SORTIR DU PILOTAGE À VUE

Quels sont les objectifs de l'entreprise, qui fait quoi, qui prend part aux décisions, comment s'opère la communication, comment s'évaluent les résultats ? Autant d'éléments – et bien d'autres – qui constituent ces règles du jeu et doivent permettre un arbitrage serein et juste. Pourtant, celles-ci, trop souvent, ne sont pas clairement énoncées et relèvent d'un fonctionnement implicite. Ce qui a une double conséquence.

D'une part, les salariés, et l'ensemble des parties prenantes, ne savent pas si elles pratiquent un bon jeu ou si elles risquent d'être sifflées par le patron. D'autre part, ce dernier est lui-même enclin, plus ou moins consciemment, à changer les règles en cours de partie, au gré de ses humeurs, de ses envies ou de ses préoccupations, et l'arbitre soumet ainsi son équipe à l'arbitraire de ses décisions.

Élaborer une stratégie d'entreprise, ce n'est pas autre chose que de déterminer l'ensemble de ces règles du jeu de la manière la plus explicite et la plus cohérente possible, afin que chacun puisse y adhérer et participer à sa réussite. En ce sens, beaucoup d'entreprises, de PME en particulier, n'ont pas réellement de stratégie à moyen terme (c'est-à-dire, en ces temps d'urgence, à deux ou trois ans). Tout au plus affichent-elles des objectifs qui reposent sur des éléments strictement économiques. On projette d'augmenter la productivité ou les parts de marché sans se demander si on en a vraiment les moyens ni se donner des critères d'évaluation de la réussite. Un peu comme si on jouait un match de foot sans savoir combien de temps il va durer, sans se préoccuper de la forme des joueurs de l'équipe, ni de leur nombre, ni de la force de l'adversaire, en ayant pour seul but que d'en marquer le plus possible...

Cette absence d'une vision à la fois large et précise conduit évidemment à un pilotage à vue qui risque de semer la panique à bord par temps de brouillard. Faut-il rappeler la fameuse formule de Sénèque : « *Il n'est point de vents favorables pour celui qui ne sait où il va.* »

Le premier travail d'un chef d'entreprise soucieux de performance globale est donc de construire, avec ses collaborateurs, une stratégie globale. Autrement dit, une stratégie qui tienne compte de toutes les parties prenantes, tant dans ce qu'elles peuvent apporter à l'entreprise que dans les bénéfices qu'elles sont en droit de tirer de leur contribution au succès. Une telle stratégie implique que le dirigeant se préoccupe, dès le départ, de rechercher une performance économique compatible avec les performances sociale et sociétale de son entreprise. Puis qu'il définisse des objectifs clairs pour chacune des dimensions et se donne les moyens de mesurer, par des indicateurs incontestables, la progression vers ces objectifs. Et, enfin, qu'il fasse connaître à tous cette stratégie et vérifie en permanence qu'elle est bien comprise. C'est à ces conditions, parce qu'ils auront du sens, que ses arbitrages seront crédibles et acceptés.

PARTAGER DES VALEURS

La stratégie donne du sens à l'action. Elle explique pourquoi on va dans cette direction plutôt qu'une autre, pourquoi telle innovation, tels changements sont nécessaires. Mais elle n'a, elle-même, de sens que si elle est portée par des valeurs. Chaque dirigeant a les siennes propres, qui ne sont pas seulement liées à l'argent ou au pouvoir. Elles ne sont pas toujours conscientes. Dès lors, elles avancent masquées dans l'entreprise et, sans dire leur nom, elles en influencent secrètement le fonctionnement. Elles peuvent alors entrer en conflit avec celles des salariés ou des autres parties prenantes, jusqu'à créer des dysfonctionnements dont il est quasiment impossible de repérer l'origine puisqu'elle se loge dans les non-dits.

A contrario, certains chefs d'entreprise font afficher, dans le hall d'accueil, les valeurs de l'entreprise, moins les leurs que celles dont ils pensent qu'elles « passent bien », qu'elles sont « motivantes ». Ni incarnées, ni partagées, elles sont une coquille vide, un tract sans effet.

Prendre conscience des valeurs qui le font agir profondément et s'en faire le porteur dans l'entreprise est d'une grande exigence pour le dirigeant. De la confrontation avec celles des salariés, des clients, des actionnaires ou des fournisseurs, peut émerger une sorte de charte commune des valeurs propres à l'entreprise. Mais en rester à la simple énonciation, fût-elle sincère, n'est pas suffisant. Il est nécessaire de mettre en place un processus d'appropriation et d'application concrète de ces valeurs, par l'échange et la discussion avec les salariés, tout en sachant que, si l'on peut leur demander de les respecter collectivement, on ne peut pas les obliger à y adhérer individuellement.

Il est également important de décliner ces valeurs par rapport aux autres parties prenantes. C'est grâce à ce type de travail qu'un dirigeant sera en mesure de justifier, à ses yeux et aux yeux de l'entreprise, le choix de tel fournisseur plutôt que tel autre, le refus de tel client dont les exigences iraient à l'encontre des valeurs reconnues ou le taux de partage des bénéfices entre salariés et actionnaires. Les valeurs agissent comme des points de repère qui facilitent le pilotage de l'entreprise.

ANTICIPER PAR LE DIALOGUE

Stratégie et valeurs apportent de la cohérence aux décisions. Cela ne signifie pas que celles-ci soient plus simples à prendre. La complexité grandissante de nos sociétés, la multiplicité des interactions économiques, sociales et techniques, la montée des individualismes ne sont pas sans effet sur la vie de l'entreprise, rendant de plus en plus ardu l'équilibre des arbitrages. Décider sans comprendre les tenants et les aboutissants d'un problème, sans prendre en compte le point de vue des personnes concernées, conduit le plus souvent à l'impasse et au blocage. Les salariés, comme les citoyens, veulent être entendus et tolèrent de moins en moins toutes les formes d'autoritarisme qui visent à leur imposer des modes de fonctionnement qui ne leur conviennent pas.

D'une manière générale, on est pourtant étonné, dans les entreprises, de la pauvreté des méthodes de concertation qui permettraient d'élaborer, si ce ne sont des consensus, du moins des compromis. Le dialogue n'intervient qu'au dernier moment, sur le mode réactif et sous la pression du conflit.

Comment suivre une stratégie stable et durable si on réagit au coup par coup, en fonction des obstacles qui se présentent et en donnant raison à celui qui crie le plus fort (ou qui a le plus grand pouvoir de nuisance) ? La performance globale, parce qu'elle a justement pour ambition de mieux gérer la complexité, nécessite ouverture et capacité d'anticipation et a besoin, pour ce faire, que s'instaure une véritable culture du dialogue dans les entreprises. Le dirigeant doit se donner les moyens de développer le dialogue social collectif au travers de structures légales et de rendez-vous réguliers. Mais il ne doit pas faire l'économie non plus d'un dialogue individuel direct et permanent avec chacun des salariés, ce dialogue pouvant évidemment passer par l'encadrement, en fonction de la taille de l'entreprise.

Le management relationnel est un des atouts essentiel de la réussite de la performance globale. Et la culture de dialogue doit s'étendre à toutes les parties prenantes de l'entreprise, dans un esprit constructif et coopératif.

DE LA BONNE GOUVERNANCE À LA PERFORMANCE GLOBALE

Stratégie, valeurs, concertation : c'est sur ces trois piliers que reposent les principes d'une bonne gouvernance de l'entreprise, dont on peut rappeler la définition donnée par l'OCDE : « *Ensemble de relations entre la direction d'une entreprise, son **conseil d'administration***, *ses actionnaires et les autres parties prenantes. La gouvernance d'entreprise fournit également le cadre au sein duquel sont fixés les objectifs de l'entreprise et définit les moyens de les atteindre et de surveiller les performances.* »

Mais nous pensons ici qu'il faut aller un peu plus loin et faisons plutôt notre la définition proposée de son côté par Olivier Dubigeon[1] : « *Ensemble des transactions au travers desquelles sont élaborées, décidées, légitimées, mises en œuvre et contrôlées des règles collectives pour définir la relation de pouvoir dans l'entreprise entre la direction générale, le conseil d'administration, les actionnaires ou associés et les autres parties prenantes.* »

En pratique, cela signifie que, dans son rapport avec chacune des parties prenantes, le dirigeant doit être inspiré et soutenu par ces trois éléments transversaux à l'ensemble des acteurs de l'entreprise. Toute relation à un client ou à des membres de la société civile, par exemple, doit être référée à une stratégie explicite, ne pas entrer en contradiction avec les valeurs de l'entreprise et passer par un dialogue ouvert. Ce sont ces principes de gouvernance qui mettent sur le chemin de la performance globale.

---

1. in *Mettre en pratique le développement durable*, Village mondial, 2002.

Témoignages

Des valeurs collectives

Louise Guerre dirige Serda, 25 personnes, société de conseil, de formation et d'édition en systèmes d'information documentaire et management des connaissances, à Paris.

« Quatre principes guident le management au quotidien. Si ceux-ci existent depuis une dizaine d'années dans l'entreprise, ils ont été formalisés, écrits noir sur blanc, il y a deux ans. Cette démarche permet une prise de conscience de ces principes par l'ensemble des collaborateurs qui sont invités à les respecter.

➤ **Responsabilité**. Il est distingué, ici, le sens négatif (qui est responsable en cas d'erreur ?) et le sens positif (promouvoir la dynamique de l'entreprise par la capacité de décision et d'initiative) de la responsabilité. C'est ce deuxième sens que l'entreprise tend à développer par l'autonomie laissée à chaque niveau aux employés, la confiance, la transparence et l'exemplarité.

La prise de décision est encouragée au plus près du terrain par une mise à disposition d'une grande quantité d'informations. De même, lorsqu'une décision dépasse un salarié mais que celui-ci y a travaillé en amont, il y est impliqué. Dans cette politique, l'isolement des salariés est un effet pervers à éviter et, ici, c'est par la mise en avant de la décision collective qu'on souhaite y parvenir (avec les collaborateurs, les fournisseurs…).

La prise d'initiative est le second levier identifié pour accroître la responsabilité positive des salariés. Elle implique pro-activité et sens de l'anticipation.

➤ **Solidarité.** À l'heure actuelle, elle n'est pas encore tournée vers l'extérieur (société civile) mais, en interne, elle prend une place particulièrement importante. Plus précisément, elle concerne deux types d'acteurs : les collaborateurs (par une entraide lorsque la charge de travail l'exige) et les fournisseurs pérennes (par des paiements anticipés, par exemple).

➤ **Loyauté.** Un paragraphe sur la loyauté réciproque (notamment en terme de confidentialité) figure dans les contrats de travail de l'entreprise. Cette mesure n'est pas que symbolique car elle est très souvent source de discussion et permet d'échanger des points de vue dès l'embauche.

➤ **Respect de l'homme :**

– dire ce que l'on fait et faire ce que l'on dit,

– permettre à chacun d'exercer sa curiosité en prenant le temps de répondre à des questions qui débordent son travail,

– droit à l'échec, droit à l'erreur comme contrepartie à l'incitation à l'initiative,

– non-discrimination à l'embauche et dans l'entreprise.

Ces valeurs sont partagées par l'ensemble des employés dans l'entreprise. Cette appropriation par le collectif en assure le respect. »

Création d'un comité stratégique

Accepter que soient portés sur l'entreprise d'autres regards et savoir s'en enrichir est une des clés de la performance globale de l'entreprise. Chez MTTM, une société coopérative pilotant un groupe de 350 personnes, leader régional et indépendant en logistique portuaire et industrielle située à Nantes-Saint-Nazaire, et dirigée par Bruno Hug de Larauze, s'enrichir des regards extérieurs est devenu une culture.

Les nouveaux embauchés sont ainsi invités à faire part d'un « rapport d'étonnement » après trois mois passés dans l'entreprise. Une fois par an, des audits thématiques ou une révision coopérative permettent d'avoir un regard neutre sur un sujet important pour l'entreprise comme l'environnement, les salaires, l'organisation d'un outil industriel ou la vétusté d'un bâtiment. MTTM convie également des professionnels non issus du monde de l'entreprise : un sociologue anthropologue est ainsi intervenu sur l'organisation des règles de fonctionnement pour aider à dynamiser l'intelligence collective d'une équipe, des chercheurs universitaires sont venus partager leur savoir sur la veille concurrentielle en matière maritime. Enfin, l'engagement du dirigeant de l'entreprise à l'Union maritime, à la Chambre de commerce et d'industrie et au CJD lui permet, par l'échange et les regards croisés, de profiter des expériences des autres.

Persuadé que le changement s'accélère et qu'il est de plus en plus difficile de tout savoir sur son métier, que la compétence est toujours à approfondir, intimement convaincu également, pour l'avoir observé autour de lui, qu'un dirigeant, seul, risque de s'aveugler ou de passer au fil du temps d'une logique entrepreneuriale (où l'essentiel est le développement de l'entreprise) à une logique patrimoniale (où l'important devient la conservation du patrimoine accumulé), Bruno Hug de Larauze, à la tête de MTTM depuis 1996, décide de créer un comité stratégique.

L'idée consiste à apposer au comité de direction et au conseil d'administration (composé d'administrateurs qui sont aussi des salariés dans le statut d'une SCOP – société coopérative ouvrière de production) un comité stratégique, composé de « sages », experts en direction d'entreprise, totalement libres par rapport aux enjeux de l'entreprise – puisqu'ils ne sont ni client, ni fournisseur, ni actionnaire, ni salarié – et suffisamment proches du dirigeant pour lui dire la vérité en face.

Ces personnes aux parcours complémentaires (expertise industrielle, internationale, PME, connaissances macroéconomiques) sont réunies une fois par an pour une journée dans un séminaire au cours duquel deux heures sont réservées à une synthèse de l'évolution du groupe et des résultats, une heure aux réactions et deux autres heures à une problématique particulière (sur un sujet qui préoccupe conjoncturellement le dirigeant ou un thème qu'elles ont jugé structurellement important lors de la précédente réunion du comité stratégique).

Ce séminaire a ainsi permis, depuis quatre ans, d'étudier des problématiques telles que « le risque de monoclients par activité », « diversification ou dispersion », « l'organisation d'une entreprise qui se développe sous forme de groupe », « la gestion des risques en matière de financement, de sécurité, d'environnement »…

En termes de résultats concrets, les travaux du comité stratégique ont permis à l'entreprise d'améliorer son offre produit, de mieux structurer des partenariats filialisés, de développer une meilleure gestion des risques. Pour Bruno Hug de Larauze, « quand on est petit dans un monde concurrentiel musclé et mondialisé, il faut susciter la fidélité de ses clients par sa réactivité, son offre de services innovante, s'appuyer sur les hommes et les femmes de l'entreprise qui privilégient le travail en équipe et s'enrichir de regards extérieurs ».

Du « conseil d'entreprise » à la gouvernance d'entreprise

Michel Vignoud dirige Alpes Contrôles, un bureau d'études qui emploie 110 salariés à Annecy.

Michel Vignoud a signé, en 1999, un accord d'entreprise sur la mise en place d'un « conseil d'entreprise », issu en droite ligne du concept élaboré par le CJD, en 1988, d'une instance unique de représentation des salariés. Michel Vignoud a prévu dans ce projet une représentation du personnel plus large que celle imposée par la loi pour les délégués du personnel. Ce dispositif a pour objet de favoriser l'expression des groupes du personnel placés, en raison de leur localisation ou de leur tâche, dans des situations géographiques ou professionnelles différentes.

Depuis sa mise en place, la représentativité des élus au conseil d'entreprise n'a pas posé de problèmes majeurs, malgré la difficulté des délégués à communiquer avec ceux qu'ils représentent et à défendre, de ce fait, les idées du groupe et non pas leurs idées personnelles. Pour améliorer sa représentativité et son expertise, le conseil d'entreprise a fait intervenir, dans certaines négociations, d'autres membres du personnel et a également utilisé la procédure du référendum, notamment lors du débat sur la répartition du montant de la participation.

Un mode de fonctionnement qui a conduit Michel Vignoud à proposer au conseil d'entreprise de s'engager plus encore dans la vie de l'entreprise. Celui-ci a en effet estimé que leur élection, leur implication dans l'étude des problèmes posés, la transparence et la qualité des informations qui était mises à leur disposition par la direction ou des experts extérieurs leur donnaient autorité et légitimité pour prendre des décisions. Il leur a donc proposé, au-delà des thèmes habituels de négociation imposés par la loi (rémunérations, conditions de travail…) ou constituant des pratiques courantes (garanties sociales, etc.), de participer à d'autres prises de décision concernant :

➤ La stratégie générale (développement, investissements, nouveaux produits…)

➤ Les objectifs économiques, en particulier les budgets prévisionnels, les recrutements, et le niveau de profit recherché ;

➤ L'organisation interne ;

➤ La distribution des résultats.

Pour ce faire, à côté du comité de direction limité aux principaux actionnaires salariés actuels, a été créé un « comité de direction élargi » aux responsables d'agence et aux directeurs. Ce nouveau comité débat les propositions faites par la direction générale de l'entreprise après accord, pour les décisions stratégiques, du comité de direction. Après amendements, les propositions sont soumises à l'approbation du conseil d'entreprise qui peut les faire évoluer ou les rejeter.

La participation du conseil d'entreprise à la bonne gouvernance de l'entreprise rend plus complexe la notion de représentativité et de légitimité. Michel Vignoud se pose donc de nombreuses questions : « Comment donner des compétences aux représentants du personnel pour qu'ils puissent rendre des avis autorisés ? Comment les légitimer vis-à-vis de leurs collègues et des cadres de l'entreprise ? Comment faire accepter à un cadre supérieur qu'une assistante ou une secrétaire puisse influer sur des décisions stratégiques qui engagent l'entreprise ? De grandes entreprises internationales ont montré que des grands managers, ou réputés tels, sous différentes pressions ou conditionnements, avaient pu perdre tout bon sens ! Au fond, n'est-ce pas simplement du bon sens qui est demandé aux membres du conseil d'entreprise ? Si on ajoute l'impérative transparence, les nécessaires actions de formation, le sens pédagogique des cadres et de la direction, n'a-t-on pas les principaux ingrédients pour assurer, dans la concertation et le respect de tous, une bonne gouvernance d'entreprise ? » À une condition, toutefois, que le personnel désigne pour le représenter les plus ouverts, les plus altruistes, les plus dignes de confiance, les plus motivés…

Qu'est-ce que le conseil d'entreprise ?

Dans un souci de simplification et d'efficacité du dialogue social, le CJD propose de mettre en place, dans les PME de plus de 10 salariés et jusqu'à 249, une instance unique qui fusionne délégués du personnel, comité d'entreprise et délégués syndicaux, et puisse signer des accords d'entreprise. Cela permettrait ainsi de revitaliser la fonction de délégué syndical en lui accordant une double légitimité : celle de l'élection et celle de la désignation par l'organisation syndicale représentative. La mise en place d'une telle instance unique de représentation doit être accompagnée d'une formation, tant pour les salariés élus que pour les dirigeants.

Le principe du conseil d'entreprise est de disposer, en face du chef d'entreprise, d'une instance unique, représentative des salariés, compétente sur toutes les matières qui les concernent et reconnue comme partenaire, avec qui il est possible de négocier et de se mettre d'accord.

Représentatif, le conseil d'entreprise l'est par sa composition. Il ne comprend que des membres titulaires élus à la majorité, le délégué syndical étant lui-même choisi parmi les membres du conseil. La représentativité du conseil d'entreprise et sa compétence l'autorisent à négocier des accords avec la direction, à la majorité de ses membres. En cas d'absence de délégué syndical, l'accord serait soumis à la validation d'une commission paritaire de branche. De ce fait, en obtenant en plus du pouvoir de concertation celui de négociation, le conseil d'entreprise renforcerait sa consistance juridique pour représenter la collectivité du personnel qui a des intérêts propres à faire valoir. Il en deviendrait en quelque sorte le conseil d'administration des salariés face au conseil d'administration des actionnaires.

VALEURS

1. Avez-vous défini les valeurs de l'entreprise ? ❏ oui ❏ non

Si oui, quelles sont-elles ?

– ....

– ....

– ....

– ....

– ....

Et comment ont-elles été définies ?

....

....

....

....

....

2. Ont-elles fait l'objet d'une formalisation écrite ? ❏ oui ❏ non

Si oui, comment ?

....

....

....

....

....

3. Ont-elles été diffusées et expliquées aux parties prenantes de l'entreprise ?

Clients	❏
Fournisseurs	❏
Salariés	❏
Environnement sociétal	❏
Actionnaires ou associés	❏

Commentaires :

....

....

....

....

....

4. Ces valeurs sont-elles utilisées couramment dans la vie de l'entreprise (recrutement, entretien annuel, arbitrage, management au quotidien…) ? ❑ oui ❑ non

Si oui, comment ?

....
....
....
....
....

S T R A T É G I E   A   M O Y E N   T E R M E

5. La stratégie est-elle formalisée à moyen terme ? ❑ oui ❑ non

Comment a-t-elle été élaborée et avec qui ?

....
....
....
....
....

6. La stratégie est-elle régulièrement retravaillée ? ❑ oui ❑ non

Si oui, tous les … an(s)
Commentaires :

....
....
....
....
....

Est-elle déclinée en objectifs financiers, RH, investissement, etc. ? ❑ oui ❑ non
Commentaires :

....
....
....
....
....

Les échéances portent en moyenne à … ans
Commentaires :

. . . .

. . . .

. . . .

. . . .

. . . .

. . . .

**7. Existe-t-il un tableau de bord qui permette de mesurer
que les objectifs sont atteints ?**   ❏ oui   ❏ non

Commentaires :

. . . .

. . . .

. . . .

. . . .

. . . .

. . . .

8. Quels sont les risques d'échec dans l'atteinte de ces objectifs ?

. . . .

. . . .

. . . .

. . . .

. . . .

. . . .

9. La stratégie s'appuie-t-elle sur un processus de veille ?   ❏ oui   ❏ non

Commentaires :

. . . .

. . . .

. . . .

. . . .

. . . .

. . . .

10. Estimez-vous bien connaître votre marché et vos concurrents ? ❏ oui ❏ non

Commentaires :

. . . .

. . . .

. . . .

. . . .

. . . .

. . . .

. . . .

11. L'analyse des forces et faiblesses a-t-elle été effectuée ? ❏ oui ❏ non

Commentaires :

. . . .

. . . .

. . . .

. . . .

. . . .

. . . .

. . . .

12. Quelles opportunités avez-vous identifiées dans l'évolution de l'environnement
de votre entreprise ?

Marchés (précisez). . . . .

Technologies (précisez) . . . .

Réglementation (précisez) . . . .

Capitaux (précisez). . . . .

Autres (précisez) . . . .

Commentaires :

. . . .

. . . .

. . . .

. . . .

. . . .

. . . .

13. Quelles menaces avez-vous identifiées dans l'évolution de l'environnement de votre entreprise ?

Marchés (précisez) . . . .

Technologies (précisez). . . . .

Réglementation (précisez). . . . .

Capitaux (précisez) . . . .

Autres (précisez) . . . .

Commentaires :

. . . .

. . . .

. . . .

. . . .

. . . .

. . . .

P R O C E S S U S   D E   C O N C E R T A T I O N
E T   D E   D É C I S I O N

14. Quelles sont les formes de concertation mises en place avec les clients ?

. . . .

. . . .

. . . .

. . . .

. . . .

. . . .

Sont-elles satisfaisantes ?   ❏ **oui**   ❏ **non**
Commentaires :

. . . .

. . . .

. . . .

. . . .

. . . .

. . . .

15. Quelles sont les formes de concertation mises en place avec les fournisseurs ?

....
....
....
....
....

Sont-elles satisfaisantes ? ❏ oui ❏ non
Commentaires :

....
....
....
....
....

16. Quelles sont les formes de concertation mises en place avec les salariés ?

....
....
....
....
....

Sont-elles satisfaisantes ? ❏ oui ❏ non
Commentaires :

....
....
....
....
....

17. Quelles sont les formes de concertation mises en place avec l'environnement sociétal ?

....
....
....
....
....
....

Sont-elles satisfaisantes ?   ❏ oui   ❏ non
Commentaires :

. . . .

. . . .

. . . .

. . . .

. . . .

. . . .

18. Quelles sont les formes de concertation et de décision mises en place avec les actionnaires ou associés ?

. . . .

. . . .

. . . .

. . . .

. . . .

. . . .

Sont-elles satisfaisantes ?   ❏ oui   ❏ non
Commentaires :

. . . .

. . . .

. . . .

. . . .

. . . .

. . . .

19. Dans l'entreprise, des décisions sont-elles prises sur le plan collectif ?   ❏ oui   ❏ non
Si oui, lesquelles ?

. . . .

. . . .

. . . .

. . . .

. . . .

. . . .

20. Dans l'activité de l'entreprise, est-il pertinent de prévoir un processus
de gestion des crises ?   ❏ oui   ❏ non

Commentaires :

. . . .

. . . .

. . . .

. . . .

. . . .

. . . .

« PRINCIPES DE GOUVERNANCE »

Comment estimez-vous votre positionnement sur les principes de gouvernance suivants ?

	Satisfaisant	Non-satisfaisant
Formaliser ses valeurs		
Formaliser sa stratégie à moyen terme		
Dialoguer et décider		

Commentaires :

....

....

....

....

....

Globalement, comment estimez-vous votre système de gouvernance ?

Indiquez le niveau où vous vous situez sur une échelle de 1 (très mauvais) à 4 (très bon) :

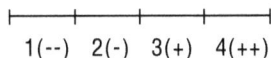

```
├────┼────┼────┤
1(--)  2(-)  3(+)  4(++)
```

Commentaires :

....

....

....

....

....

Comment envisagez-vous de faire évoluer vos principes de gouvernance ?

....

....

....

....

....

LA PERFORMANCE ÉCONOMIQUE

2

Profit, people, planet

Le monde anglo-saxon a le sens des raccourcis que sa langue directe et concrète lui permet d'exprimer avec efficacité. Pour lui, le *sustainable development* tient en trois mots, les trois « P » : *profit, people, planet,* là où nous nous empêtrons dans des énonciations plus abstraites et imprécises : l'économique, le social, le sociétal (ou l'environnemental).

Notre formulation laborieuse semble établir des catégories distinctes qu'il faudrait tenter de relier par un rapport de cause à effet, dans le sens d'une gradation : l'économique permet de « faire » du social et, quand le social a atteint un certain seuil de satisfaction, on peut songer à améliorer l'environnement. L'expression anglaise, au contraire, ne serait-ce que parce que chacun des mots a deux syllabes, rend naturellement indissociables les trois termes et montre qu'aucune dimension ne peut être privilégiée au détriment des deux autres : les bénéfices sont liés au bien-être des gens et de la planète, l'environnement ne peut se passer ni de financements, ni de la responsabilité individuelle et collective des personnes, les hommes ont besoin d'argent et d'un bon cadre de vie pour être heureux.

Cette vision systémique répond mieux à la construction de la performance globale que notre vision causale et hiérarchique. Ce ne sont pas les uns après les autres qu'il faut aborder les trois pôles mais les uns par rapport aux autres, tant leurs interactions sont multiples. En cela, la performance globale demande aussi de changer notre manière de penser très cartésienne et française pour aller vers ce que le philosophe Edgar Morin appelle la pensée complexe qui, seule, permet d'affronter les incertitudes liées justement à la complexité du monde contemporain et des économies mondialisées.

AU-DELÀ DES CHIFFRES

Si nous mettons spécifiquement en valeur, dans cette partie, la performance économique, c'est pour montrer que nous ne l'oublions pas, contrairement à ce qu'avancent certains détracteurs de l'idée de performance globale. Pour eux, celle-ci ne serait pas réaliste parce qu'elle s'opposerait aux nécessités économiques.

Notre point de vue est tout différent. Le succès économique est évidemment indispensable à l'entreprise mais il ne dépend pas que de lui-même. Ce que remet en cause la performance globale, c'est qu'il soit le seul but et occupe la place à lui tout seul. C'est une conception « court-termiste » et dangereuse de l'entreprise. L'entreprise durable est celle qui sait articuler le plus harmonieusement possible, en fonction de sa situation présente, les trois dimensions économique, sociale et sociétale vers une finalité commune de mieux-être. Dans les faits, qu'est-ce que cela signifie ?

Une entreprise doit, en effet, avoir les moyens économiques de ses politiques sociales et environnementales. Il serait absurde de demander à une société au bord du dépôt de bilan de se préoccuper des conditions de travail de ses salariés ou du respect de l'environnement avec la même vigueur qu'une entreprise très profitable (ce qui ne lui donne pas pour autant le droit de faire n'importe quoi).

Mais il faut en même temps penser qu'une bonne politique sociale est source de bénéfices économiques. D'un point de vue microéconomique, un management jouant la carte de la participation, du dialogue social, de la responsabilisation de chacun, ou encore de la formation du personnel, n'a-t-elle pas plus de chance d'accroître sa compétitivité et ainsi d'augmenter ses possibilités de création de valeur ?

D'un point de vue macroéconomique, les effets d'une politique sociale pauvre ne constituent-ils pas un coût pour la société ? Par exemple, une entreprise ne développant pas l'employabilité de ses salariés par la formation engendrera des coûts pour la société lors d'un plan social : difficulté de reclassement, chômage, reconversions... Et ce coût sera reporté, en partie au moins, sur les charges des entreprises, diminuant leur rentabilité.

Mais si l'entreprise, au contraire, pratique une politique de formation dynamique, elle participera à l'amélioration du niveau des compétences dans son bassin d'emploi et pourra recruter plus facilement le personnel dont elle a besoin. Il en va de même au niveau de son environnement territorial : plus elle agira sur la qualité de vie qui y règne, sur celle des infrastructures de communication, plus elle deviendra attractive auprès des salariés les mieux qualifiés.

Inutile de multiplier à loisir les illustrations de cette intrication entre l'économique, le social et l'environnemental. C'est une réalité que les dirigeants vivent au quotidien, même lorsqu'ils semblent se focaliser sur les résultats financiers. Plongeons donc la tête dans les chiffres quelques instants, pour voir s'ils sont satisfaisants. Nous nous sentirons plus libres, après, de voir comment ils se négocient entre les différentes parties prenantes de l'entreprise.

Témoignage

Rentabilité durable

Bruno Hug de Larauze dirige à Nantes le groupe MTTM, 350 personnes, opérateur portuaire et de logistique industrielle (voir son autre témoignage dans la partie « Stratégie » p. 48).

La politique globale menée par le dirigeant de MTTM, à travers ses entreprises, vise à lier développement de la valeur ajoutée de ses activités et développement du territoire où elles sont implantées. Cela se traduit par un investissement permanent dans l'outil de travail et pour le développement des hommes, mais également en faveur du respect de l'environnement.

La gestion des 15 sites du groupe intègre une politique préventive des risques. Un ingénieur environnement a d'ailleurs été recruté. « Nous venons d'investir, avec un partenaire, 5 millions d'euros dans un engin qui divise par cent l'émission de poussière lors du chargement de ciment. Pour le blé, nous utilisons un produit qui limite là aussi l'envoi de poussière. »

Pour mettre en œuvre des synergies en faveur de la protection du territoire, Bruno Hug de Larauze formalise, dans les règles de fonctionnement de l'entreprise, par une lettre de mission, cette volonté de prendre en compte le développement durable. « Partager avec nos clients nos réflexions sur les valeurs de l'entreprise et notre projet est incontournable pour qu'ils aient envie de travailler avec nous et de nous transmettre les informations qui nous permettront d'agir. Mais, pour arriver à cet équilibre, il faut avant tout être capable d'assurer une rentabilité minimale et pérenne qui permette de s'engager dans des actions plus larges. Concomitamment, il faut créer le climat qui génère l'adhésion de tous au projet. Le développement durable ne se décrète pas, il se vit au fur et à mesure, par l'exemplarité montrée par les dirigeants, dans le partage des réflexions et le travail commun sur les projets à court et moyen termes. »

21. Évolution depuis 3 ans (en %) du :

	Chiffre d'affaires	Bénéfice net après impôt	Autres indicateurs		
Année -2					
Année -1					
Prévision année en cours					
Prévision année prochaine					

Quelles sont les causes de ces variations ?

....

....

....

....

....

....

....

....

22. Bénéficiez-vous d'informations, de critères, d'indicateurs vous permettant de connaître votre position sur le marché ? ❑ oui ❑ non

Commentaires :

....

....

....

....

....

....

....

....

23. Avez-vous gagné des parts de marché au cours des trois dernières années ? ❏ oui ❏ non

Pourquoi cette évolution ?

....

....

....

....

....

....

24. Évolution des investissements depuis 3 ans (en %) :

	Année -2 %	Année -1 %	Année en cours %	Prévision année prochaine
Marketing				
Commercial				
Production				
Autre (précisez) :				

Pourquoi cette évolution ?

....

....

....

....

....

....

25. Existe-t-il des prévisions financières ? ❏ oui ❏ non

Si oui, sur quelle période ? ... an(s) ... mois

Commentaires :

....

....

....

....

....

....

26. Existe-t-il un tableau de bord de suivi de ces prévisions ?　　　❏ oui　　❏ non

Commentaires :

. . . .

. . . .

. . . .

. . . .

. . . .

27. La rentabilité par activité/secteur/site est-elle connue ?　　　❏ oui　　❏ non

Commentaires :

. . . .

. . . .

. . . .

. . . .

. . . .

28. Connaissez-vous le seuil de rentabilité de l'entreprise ?　　　❏ oui　　❏ non

Commentaires :

. . . .

. . . .

. . . .

. . . .

. . . .

I N D I C A T E U R S

29. Vous trouverez ci-dessous une liste d'indicateurs. Elle n'est pas exhaustive mais a pour objectif de vous indiquer le type d'indicateurs qui peuvent être utilisés. Cochez ceux qui sont pertinents par rapport à vos enjeux :

Chiffre d'affaires :

- ❏　Part du CA par segment[1]
- ❏　Taux de croissance du CA par segment
- ❏　CA par salarié

―――――――――

1.　Segment pouvant s'entendre, ici, au sens large : clients, produits…

Rentabilité :

- ❑ Rentabilité par segment
- ❑ Coût de revient par rapport à celui des concurrents
- ❑ Taux de réduction des coûts
- ❑ Évolution du bénéfice
- ❑ Évolution de la marge brute
- ❑ ROA : *return on assets* (taux de rendement de l'actif)
- ❑ ROE : *return on equity* (taux de rendement des capitaux propres)
- ❑ ROI : *return on investment* (taux de rendement du capital investi)
- ❑ Seuil de rentabilité
- ❑ Pourcentage de clients non rentables

Investissement :

- ❑ Investissement (% des ventes)
- ❑ Recherche & Développement (% des ventes)
- ❑ Ratios du fonds de roulement (cycle de trésorerie)

En avez-vous identifié d'autres ?

– ....

– ....

– ....

– ....

....

« PERFORMANCE ÉCONOMIQUE »

À la lumière des questions précédentes, quelle est votre estimation de la santé économique de votre entreprise ?

Entourez le niveau où vous vous situez sur une échelle de 1 (très mauvais) à 4 (très bon) :

$$\vdash\quad\dashv\quad\dashv\quad\dashv$$

1(--)   2(-)   3(+)   4(++)

Actions à mettre en œuvre pour améliorer la performance économique de l'entreprise :

. . . .

. . . .

. . . .

. . . .

. . . .

. . . .

. . . .

. . . .

. . . .

. . . .

. . . .

. . . .

. . . .

LES PARTIES
PRENANTES

3

Les clients,
partie apprenante

Réaffirmer la place centrale du client pour l'entreprise peut paraître une lapalissade. Quel dirigeant pourrait dire que celui-ci n'est pas au cœur de ses préoccupations quotidiennes ? Pourtant cela n'a pas toujours été le cas. Il n'est pas si loin le temps où le client devait se plier au bon vouloir des industriels, plus ingénieurs que commerciaux. Jusque dans les années 1970, si l'on ne voulait pas attendre huit ou dix mois sa voiture neuve, mieux valait ne pas être trop regardant sur la couleur ou les options, voire sur le modèle. Quant au Concorde et autres Caravelles, merveilles technologiques, on ne se souciait guère de les vendre, se contentant des commandes de la compagnie nationale.

Même aujourd'hui, il n'est pas sûr que chaque client puisse se dire, tous les jours, satisfait des produits et des services proposés par les entreprises. Qui n'a jamais eu à se démener pour qu'on lui remplace un produit défectueux ou pour faire intervenir le service après-vente de tel ou tel distributeur ou fabricant ? Combien d'heures ainsi passées au téléphone (à tant de centimes d'euros la minute…) à écouter d'insupportables musiquettes en attendant d'avoir une voix humaine au bout du fil ?

LES DANGERS DU CLIENT-ROI

Il n'empêche ! S'est faite une prise de conscience de l'importance de l'acheteur, sans lequel la production – de biens ou de services – n'a pas de raison d'être. Toute entreprise proclame désormais que le client est roi. Sans toujours bien mesurer les conséquences de cette proclamation. Elle induit l'idée que le client est le maître du jeu et qu'il a tous les droits, ce qui peut être source d'incompréhensions.

D'un côté, celui-ci peut se trouver déçu quand on lui fait miroiter une souveraineté consommatrice démentie par la réalité. Car les discours ne lui suffisent plus, il veut du concret. Il faut donc vérifier, quand on fait une telle promesse, que l'on est capable de la tenir et que l'on a su s'organiser, au sein de l'entreprise, pour y répondre. Est-on capable, par exemple, d'évaluer systématiquement ses besoins et son niveau de satisfaction ? De répondre rapidement à ses demandes, voire de les anticiper ? De lui proposer des solutions personnalisées ?

De l'autre côté, le dirigeant doit aussi s'interroger sur les excès d'une relation de soumission aux exigences – réelles ou supposées – du client, qui pourrait tourner à la tyrannie. Celui-ci devient parfois un prétexte pour exercer une pression toujours plus forte sur les salariés ou les fournisseurs. Il y a alors un risque de déstabiliser le fonctionnement même de l'entreprise, de créer des frustrations et des démissions et, finalement, de provoquer le rejet du client, lui-même, qui devient le bouc émissaire, porteur de tous les maux.

Tout accepter du client, c'est aussi, souvent, s'interdire d'innover, se cantonner à une production répétitive : « Je fais ce qu'il veut que je fasse, même si je pense que ce n'est pas ce qu'il lui faudrait. » Attitude dangereuse : celui-ci trouvera un jour ou l'autre, chez un autre fournisseur, un produit mieux adapté à ses besoins et se demandera, avant de partir, pourquoi vous n'avez pas été capable de le lui fournir...

À LA RECHERCHE D'UNE RELATION « ADULTE »

Le revirement vers le « tout client » a sans doute été une étape nécessaire dans un pays qui s'en préoccupait trop peu. Mais il est temps de remettre cette préoccupation en perspective et de redonner au client sa juste place, au milieu des autres parties prenantes.

La prise en compte de l'intérêt réel du client suppose d'établir avec lui une relation « adulte », c'est-à-dire non pas fondée sur la dépendance de l'un par rapport à l'autre, mais sur l'interdépendance : le client a aussi besoin de l'entreprise.

Une telle relation se construit dans le temps et par la confiance. Plutôt que de courir après le client, selon la formule consacrée, l'entreprise a intérêt au contraire à marcher devant lui, par la **veille*** produit, par le marketing, par l'innovation, en devenant une force de proposition pour des produits ou des services à forte valeur ajoutée. Le client attend de plus en plus d'être conseillé et apprécie que son fournisseur lui donne son avis et lui fasse éventuellement des contre-propositions. Une entreprise doit avoir le courage de refuser la demande d'un client si elle la juge contraire à ses besoins réels. Si elle peut y perdre à court terme, elle a toutes les chances d'être gagnante à moyen terme, quand le client comprendra qu'elle avait raison.

Cette attitude n'est possible que si l'entreprise a su diversifier sa clientèle. N'est-il pas dangereux qu'un client représente plus de 20 % de son chiffre d'affaires ? La perte d'un client, quel qu'il soit, ne doit pas la mettre en péril.

Un rapport sain et équilibré avec ses clients demande que l'on puisse les choisir aussi bien pour des raisons économiques (a-t-il une capacité financière suffisante pour honorer ses commandes ?) qu'éthiques (sa demande est-elle conforme au principe d'équité commerciale, au respect de l'environnement et à la prise en compte des attentes de la société civile ?) ou sociales (ses exigences ne mettent-elles pas en péril le fonctionnement de l'entreprise ?). N'oublions pas qu'inversement, le client peut sélectionner l'entreprise sur ces mêmes critères éthiques. Très concrètement, les entreprises qui ont choisi de se faire noter socialement doivent justifier de la RSE (responsabilité sociale et environnementale) de leurs fournisseurs. Ainsi, par un phéno-mène de cascade, tout le monde devra prochainement se plier à ces critères d'évaluation pour ne pas perdre ses relations com-merciales. À cet égard, l'engagement dans une démarche de per-formance globale constitue aujourd'hui un avantage concurrentiel.

S'APPRIVOISER MUTUELLEMENT

Le client est donc à considérer comme une « partie apprenante » au sens où l'instauration d'une relation partena-riale durable nécessite que, des deux côtés, on accepte d'apprendre de l'autre, de s'écouter. L'entreprise doit appren-dre la manière dont raisonne le client et faire siens ses objectifs pour mieux répondre à sa demande. Le client ne peut ignorer le fonctionnement et l'organisation de son fournisseur s'il se préoccupe de conserver de sa part un service de qualité.

Cet « apprivoisement » mutuel est d'autant plus essentiel que les économies des uns et des autres sont de plus en plus imbriquées. La nécessité de gérer en flux tendus, d'être réactif par rapport aux marchés implique une solidarité toujours plus forte entre les différents maillons de la chaîne de production.

Témoignages

Des clients partenaires

L'entreprise Mécanalu, créée il y a sept ans par Thomas Chaudron, conçoit et fabrique des cloisons de bureau en aluminium. Implantée dans la région parisienne, elle compte 22 salariés.

Pour concevoir ses cloisons, l'entreprise Mécanalu possède un service Recherche & Développement chargé de dessiner les profils aluminium qui les constituent et de trouver des solutions techniques pour que l'ensemble réponde aux besoins des clients. Encore faut-il définir ces besoins.

En 2003, le projet d'entreprise est centré sur l'innovation. Le service R & D est donc amené à créer une vingtaine de nouveaux profils. Une *check-list*, en 7 étapes et 42 points (mise en œuvre sur six mois) formalise cette démarche de création. Le deuxième point porte sur « La création du groupe de clients partenaires ».

Quelques clients vont ainsi être les interlocuteurs privilégiés de ce programme de développement et pouvoir expliciter leurs attentes envers le nouveau produit, puis, par la suite, valider les critères techniques et esthétiques, le potentiel de vente et le niveau de prix. Ces clients ont été choisis en fonction du produit, selon leurs aptitudes à apporter à chaque étape des réponses aux critères définis.

Une fois les premiers prototypes du produit réalisés, un autre groupe de clients, les « clients testeurs », est contacté pour effectuer la mise en œuvre du produit à l'échelle 1, soit dans l'usine, soit sur un chantier, en présence de personnes du service R & D et du service technique. « Impliquer les clients dans la conception et dans la phase de test, c'est vraiment le meilleur moyen que j'ai trouvé pour ne pas entrer dans une compétition sur les prix avec mes concurrents, car on peut imaginer que nos produits répondent plus que les leurs aux besoins du marché », explique Thomas Chaudron.

Quand le dirigeant du principal fabricant français de panneaux encollés, dont Mécanalu est client, a décidé de partir à la retraite, il a vendu son entreprise (une PME de 15 personnes) à un grand groupe spécialisé dans la plaque de plâtre. Et, du jour au lendemain, pour satisfaire aux nouvelles exigences nées de cette intégration dans un groupe, la souplesse a disparu, des rigidités dans les procédures sont apparues, au détriment des clients. Certains clients de Mécanalu qui se fournissaient également auprès de cette entreprise ont, alors, sollicité Thomas Chaudron : « Pourquoi ne vous lancez-vous pas dans la fabrication de ce type de panneaux ? » Message entendu. En septembre 2001, après avoir investi 1 million d'euros (pour 3,5 millions de CA) dans l'achat de la machine, des systèmes de manutention et d'un bâtiment de 8 000 m^2, l'entreprise démarre cette nouvelle activité.

Deux ans plus tard, le bilan est plus que positif : 100 % des clients de Mécanalu lui prennent également des panneaux encollés. L'entreprise a réalisé, en 2002, 1,6 million d'euros de CA sur cette activité, ce qui lui a permis de compenser la baisse sur la vente de l'aluminium, due au ralentissement de ce secteur, et de continuer à afficher une croissance de son CA global. Autre avantage, l'entreprise possède un service qu'elle est pratiquement la seule à offrir en Île-de-France, car livrer ensemble profils en aluminium et panneaux permet de réduire les frais de transport en groupant les livraisons, de synchroniser la manutention sur le chantier, d'avoir moins d'interlocuteurs pour les clients.

Cette qualité globale du service rendu, à tous les niveaux, s'est avérée comme un des facteurs principaux de la fidélisation des clients.

À l'écoute du client

Maury est une entreprise de 100 personnes qui distribue des produits d'hygiène et d'entretien à des hôpitaux, des maisons de retraite, des industries agroalimentaires, des sociétés de nettoyage, dans l'Ouest de la France. Depuis quelques années, l'entreprise a fait évoluer son métier de droguiste pour offrir du conseil en matière d'hygiène. Un repositionnement qui a dynamisé son développement.

Chez Maury, on vend des gants, des masques, des savons, des lingettes, du matériel pour les blocs opératoires et tout produit d'entretien à des clients qui sont tenus à des obligations très strictes en matière d'hygiène. À l'heure où les risques sanitaires sont de moins en moins tolérés et où les maladies nosocomiales font la une de l'actualité, l'entreprise a pris une longueur d'avance en orientant, il y a quelques années, sa stratégie pour offrir à ses clients non seulement des produits, mais aussi de la technique, du conseil et de la formation.

Car à quoi bon acheter le meilleur savon du monde si on ne l'utilise pas correctement ? Pierre-Jérôme d'Audiffret, directeur commercial et marketing de Maury pour la région Ouest, explique ainsi le cas d'un grand hôpital qui achetait un savon, le meilleur désinfectant certes... à condition qu'il soit conservé plus de 3 minutes dans les mains ! Cela signifiait que pour tirer parti de son efficacité, le personnel soignant, se lavant les mains au moins 20 fois dans la journée, devait passer plus d'une heure par jour à cette activité ! Il conseilla donc à son client un savon bactériostatique suivi d'un gel alcoolique qui permettent d'obtenir 99 % du résultat en une minute.

« Un bon commercial n'est pas là pour répondre à la demande de son client en termes de toujours mieux, plus vite et moins cher. Il doit être à son écoute, comprendre son besoin et voir ce qu'il ne voit pas », explique Pierre-Jérôme d'Audiffret. L'entreprise a donc embauché aux postes de commerciaux des ingénieurs hygiénistes qui vont chez les clients, sont capables de déceler les problématiques et de les résoudre, de leur faire des formations, de mettre en place des protocoles de nettoyage. Une stratégie qui lui réussit et qui lui permet de se démarquer, sur un marché de distribution très concurrentiel.

Questionnement

Comment remplir ce questionnaire pour identifier ses points d'amélioration :

- *Enjeu très important ou moins important : pour l'entreprise en cohérence avec ses axes stratégiques, en tenant compte du secteur d'activité dans lequel elle se trouve et de ses spécificités.*

- *Niveau satisfaisant ou moins satisfaisant : évaluation par rapport à ce qui se pratique dans l'entreprise, toujours au regard de ses axes stratégiques.*

L'objectif est de positionner l'évaluation dans la synthèse en fin de chapitre en identifiant 5 points sensibles maximum sur lesquels agir prioritairement (pour plus de précision, voir chapitre « Diagnostic et pilotage, comment vous servir de ce guide ? », page 25).

I – STRATÉGIE

	Enjeu très important	Enjeu moins important	Niveau satisfaisant	Niveau moins satisfaisant
30. L'entreprise a-t-elle un processus de veille (marchés, concurrents...) ? ❏ oui ❏ non				

Si oui, comment est-il organisé ?

. . . .
. . . .
. . . .
. . . .
. . . .
. . . .

Quels en sont les points déterminants (en termes de résultats, méthodes, outils) ?

. . . .
. . . .
. . . .
. . . .
. . . .
. . . .

	Enjeu très important	Enjeu moins important	Niveau satisfaisant	Niveau moins satisfaisant
31. L'entreprise intègre-t-elle dans sa stratégie des scénarios alternatifs de développement commercial ? ❑ oui ❑ non				

Commentaires :

....

....

....

....

....

	Enjeu très important	Enjeu moins important	Niveau satisfaisant	Niveau moins satisfaisant
32. L'entreprise prend-elle en compte la sécurité, l'information, le respect de ses clients dans le développement de ses nouveaux produits ? ❑ oui ❑ non				

Si oui, de quelle manière ?

....

....

....

....

....

	Enjeu très important	Enjeu moins important	Niveau satisfaisant	Niveau moins satisfaisant
33. La stratégie client fait-elle l'objet d'une information diffusée auprès de l'ensemble des collaborateurs de l'entreprise ? ❑ oui ❑ non				

Commentaires :

. . . .

. . . .

. . . .

. . . .

. . . .

	Enjeu très important	Enjeu moins important	Niveau satisfaisant	Niveau moins satisfaisant
34. L'entreprise associe-t-elle le client dans le processus de conception, de production, de commercialisation des produits et services ? ❑ **oui** ❑ **non**				

Commentaires :

. . . .

. . . .

. . . .

. . . .

. . . .

	Enjeu très important	Enjeu moins important	Niveau satisfaisant	Niveau moins satisfaisant
35. La stratégie commerciale de l'entreprise intègre-t-elle un code de conduite ? ❑ **oui** ❑ **non**				

Commentaires :

. . . .

. . . .

. . . .

. . . .

. . . .

. . . .

II – MISE EN ŒUVRE

Processus de veille

	Enjeu très important	Enjeu moins important	Niveau satisfaisant	Niveau moins satisfaisant
36. Comment l'entreprise pratique-t-elle une veille concurrentielle ?				

	Enjeu très important	Enjeu moins important	Niveau satisfaisant	Niveau moins satisfaisant
37. Le choix des clients et des marchés procède-t-il d'une étude de marché ? ❑ oui ❑ non				

Commentaires :

. . . .

	Enjeu très important	Enjeu moins important	Niveau satisfaisant	Niveau moins satisfaisant
38. Est-ce que l'entreprise participe à des organismes professionnels ou réglementaires pour une meilleure prise en compte des besoins et des intérêts des clients ? ❑ oui ❑ non				

Commentaires :

. . . .

. . . .

. . . .

. . . .

. . . .

. . . .

Choix et poids des clients

	Enjeu très important	Enjeu moins important	Niveau satisfaisant	Niveau moins satisfaisant
39. Comment l'entreprise choisit-elle ses clients ?				
– Elle n'effectue aucune sélection des clients				
– Elle effectue une sélection des clients en fonction de :				
❏ leur capacité financière à honorer la demande				
❏ leur éloignement géographique/coût des transports et des déplacements				
❏ des risques autres que financiers				
❏ de critères propres à l'entreprise				
❏ de critères éthiques				
❏ de critères environnementaux				
❏ de critères sociaux				
❏ autres (précisez) :				

Commentaires :

. . . .

. . . .

. . . .

. . . .

. . . .

. . . .

. . . .

. . . .

	Enjeu très important	Enjeu moins important	Niveau satisfaisant	Niveau moins satisfaisant
40. Quelle est la part du client le plus important dans le CA ? ... %				

L'entreprise est-elle en péril si elle perd son client le plus important ? ❑ oui ❑ non
Commentaires :

. . . .

. . . .

. . . .

. . . .

. . . .

. . . .

Le cas échéant, a-t-elle entrepris des actions pour éviter cette dépendance ? ❑ oui ❑ non
Si oui, lesquelles ?

. . . .

. . . .

. . . .

. . . .

. . . .

. . . .

. . . .

Formalisation, suivi de la relation client

	Enjeu très important	Enjeu moins important	Niveau satisfaisant	Niveau moins satisfaisant
41. Comment est formalisée l'offre au client ?				

	Enjeu très important	Enjeu moins important	Niveau satisfaisant	Niveau moins satisfaisant
42. L'entreprise prend-elle suffisamment en compte la relation client ?				
❏ En lui communiquant les informations relatives à l'entreprise				
❏ En lui communiquant les informations relatives aux produits, à la prestation				
❏ En menant des actions correctives en cas de non-qualité				
❏ En développant tous les échanges nécessaires et en créant des espaces de dialogue				
❏ En formalisant la relation au moyen d'une charte				

Commentaires :

. . . .

. . . .

. . . .

. . . .

Comment l'entreprise entretient-elle la relation client ?

. . . .

. . . .

. . . .

. . . .

	Enjeu très important	Enjeu moins important	Niveau satisfaisant	Niveau moins satisfaisant
43. L'entreprise a-t-elle une démarche qualité ? ❏ **oui** ❏ **non**				

Si oui, est-elle certifiée ?   ❏ **oui**   ❏ **non**

Pourquoi ?

. . . .

. . . .

. . . .

....

....

....

L'entreprise a-t-elle mis en place des indicateurs de mesure de la qualité ?   ❑ **oui**   ❑ **non**
Quels sont les principaux ?

....

....

....

....

....

Le personnel de l'entreprise reçoit-il une formation qualité ?   ❑ **oui**   ❑ **non**

Si oui, pourcentage des salariés concernés :   ... %
Commentaires :

....

....

....

....

....

	Enjeu très important	Enjeu moins important	Niveau satisfaisant	Niveau moins satisfaisant
44. Comment l'entreprise identifie-t-elle et traite-t-elle la non-satisfaction de ses clients (actions correctives, enquête client...) ?				

	Enjeu très important	Enjeu moins important	Niveau satisfaisant	Niveau moins satisfaisant
45. Après la vente définitive du produit ou du service, y a-t-il un suivi des clients ? ❏ oui ❏ non				

Si oui, quels en sont les moyens ?

....
....
....
....
....

I N D I C A T E U R S

46. Vous trouverez ci-dessous une liste d'indicateurs. Elle n'est pas exhaustive mais a pour objectif de vous indiquer le type d'indicateurs qui peuvent être utilisés. Cochez ceux qui sont pertinents par rapport à vos enjeux :

❏ Répartition du portefeuille client

❏ Part du chiffre d'affaires que représentent les 20 % de clients les plus importants

❏ Taux d'impayés

❏ Part des clients respectant les conventions fondamentales de l'Organisation internationale du travail

❏ Nombre de ventes effectuées en non-conformité avec un contrat

❏ Taux de satisfaction des clients

❏ Part des clients ayant consommé au moins X fois

❏ Nombre de réclamations des clients ou de litiges

Taux de non-conformité (qualité)

En avez-vous identifié d'autres ?

....
....
....
....
....

« CLIENTS »

Maintenant que l'ensemble du questionnaire a été rempli et que vous avez identifié les enjeux les plus importants et les enjeux les moins importants, vous pouvez les reporter dans le tableau de synthèse ci-dessous. En croisant l'importance des enjeux avec votre évaluation du niveau de pratique, vous allez ainsi visualiser les points sensibles sur lesquels agir pour progresser vers la performance globale.

Il peut être aussi intéressant de noter les enjeux que vous jugez moins importants afin de se rendre compte si la répartition en temps, énergie et moyen dans l'entreprise est bien cohérente avec votre évaluation de l'importance de ces enjeux.

Vous disposez d'une grille pour votre propre évaluation, une grille pour la partie prenante à qui vous avez décidé de soumettre également ce questionnaire et une grille pour croiser ces deux évaluations.

Évaluation par le dirigeant

Visualisation de votre évaluation et identification des points d'amélioration

	Niveau satisfaisant	Niveau moins satisfaisant	
Enjeux très importants	– – – – – –	– – – – – –	☞ **Vos points les plus sensibles**
Enjeux moins importants	– – – – –	– – – – –	

Notez dans ce tableau simplement les numéros ou les mots clés des questions.

Évaluation « partie prenante »

Évaluation par la partie prenante à qui vous avez soumis ce questionnaire

	Niveau satisfaisant	Niveau moins satisfaisant	
Enjeux très importants	– – – – – –	– – – – –	**Vos points les plus sensibles**
Enjeux moins importants	– – – – –	– – – – –	

Synthèse croisée

Confronter les évaluations du dirigeant et de la partie prenante consultée

Le groupe de pilotage de la démarche peut :

- *organiser un débat sur les questions communes,*
- *comparer les enjeux importants,*
- *discuter des points de désaccord en éclairant particulièrement en quoi et pourquoi ils représentent des enjeux forts pour l'entreprise. Des éléments d'explication peuvent être recherchés dans les faits, l'histoire de l'entreprise et son fonctionnement.*

Après avoir croisé ces évaluations, quels sont les points finalement retenus pour la partie prenante « Clients » ?

	Niveau satisfaisant	Niveau moins satisfaisant	
Enjeux très importants	– – – – – –	– – – – – –	☛ Vos points les plus sensibles
Enjeux moins importants	– – – – –	– – – – –	

Si plus de 5 questions numérotées apparaissent dans le cadre en haut à droite, il est préférable d'entourer celles qui vous semblent prioritaires afin de pouvoir, à l'issue du diagnostic complet, transformer en plans d'action les points d'amélioration qui demandent une solution immédiate.

Les fournisseurs, partie comprenante

L'attitude des entreprises relève parfois d'une sorte de schi-zophrénie… Dans la relation avec leurs fournisseurs, elles ont tendance à se comporter en client-roi et à oublier qu'elles sont elles-mêmes fournisseurs pour d'autres entreprises. La politi-que envers eux est rarement fondée sur la recherche d'une relation durable et ils sont considérés comme des acteurs de second rôle, facilement interchangeables. On n'a pas toujours conscience de l'importance de cette partie prenante pour la bonne marche de l'entreprise.

Les diagnostics réalisés par les entreprises du CJD en ce domaine montrent que seules 39 % d'entre elles intègrent les intérêts de leurs fournisseurs dans leur stratégie (contre 81 % qui intègrent les intérêts de leurs clients). De même, elles ne sont que 42 % à avoir mis en œuvre un programme visant à stabiliser leurs relations avec les fournisseurs.

D'un autre côté, on voit de plus en plus de grandes entreprises imposer à leurs fournisseurs des chartes de bonne conduite, souvent très contraignantes, qu'elles ne respectent pas elles-mêmes.

SORTIR DU QUANTITATIF

En réalité, la plupart des entreprises n'attendent de leurs fournisseurs que du quantitatif : respect de délais, compression des prix, paiement à 90 jours ou plus, pourcentage de ristournes, etc. Elles essaient d'en tirer le maximum sans s'interroger sur les conséquences de cette pression sur leur propre entreprise et sur leurs salariés. Aimeraient-elles être traitées par leurs clients comme elles traitent trop souvent leurs fournisseurs ? Au-delà de la question morale, n'est-ce pas aussi faire preuve d'une vision à court terme, dangereuse pour la stabilité de l'entreprise ? La faillite soudaine d'un fournisseur peut en effet mettre celle-ci en péril. Et songe-t-on à ce qu'il pourrait au contraire apporter de positif si on l'autorisait à faire des propositions étayées ?

CONSTRUIRE UNE SOLIDARITÉ COOPÉRATIVE

L'entreprise a donc tout intérêt à établir des relations plus qualitatives avec ses fournisseurs. Il s'agit de comprendre leurs intérêts, leurs contraintes et leur stratégie et de se faire comprendre d'eux : quels sont nos objectifs, qu'attendons-nous d'eux, quelle plus-value peuvent-ils générer ? Il ne manque pas d'exemples où des fournisseurs ont pu apporter à leurs clients des solutions innovantes en travaillant avec eux à résoudre tel ou tel problème qui se posait. Ou, réciproquement, une entreprise cliente qui aide un fournisseur à se sortir d'une mauvaise passe en tire des bénéfices en termes de fidélité, de réactivité et d'implication de celui-ci.

Si nous parlons du fournisseur comme de la partie « comprenante », c'est donc bien au double sens de ce terme : se comprendre par une meilleure connaissance mutuelle mais aussi comprendre, englober, incorporer des éléments communs aux deux organismes pour plus d'efficacité. Comme on dirait en mathématiques : une partie de l'ensemble fournisseur est comprise dans l'entreprise et réciproquement.

Les PME ont tout intérêt à mettre en place cette solidarité coopérative qui permet des échanges de personnels, de procédés, de techniques, et favorise la constitution de réseaux d'entreprise. Cette stratégie d'alliance fait la richesse des fameux districts italiens (comme l'Émilie-Romagne ou la Vénétie) où le tissu de PME est très dense et repose sur des liens forts entre les entreprises. Des régions comme la Bretagne ou la Vendée sont aussi, en France, des exemples de cette coopération fructueuse entre agents économiques.

DES CRITÈRES DE CHOIX PLUS LARGES

Concrètement, cela demande de se rencontrer, d'établir une communication régulière et suivie avec ses fournisseurs pour développer une confiance mutuelle. Ensuite de formaliser les relations par la négociation et l'établissement de contrats clairs, les prix et les conditions de réalisation du contrat devant être acceptables pour les deux parties. Au-delà, il y a tout intérêt à les intégrer – au moins certains d'entre eux, ceux qui sont les plus proches de votre métier – dans les projets en cours auxquels ils peuvent apporter leurs compétences spécifiques.

Cette stratégie d'implication et de fidélisation n'empêche pas la mise en concurrence qui reste un facteur d'émulation et évite l'endormissement dans la routine. Car le fournisseur peut bien évidemment profiter aussi de son client, se relâcher sur la qualité, peser sur ses prix et, finalement, nuire gravement à l'entreprise cliente. Mais, dans l'esprit de ce qui vient d'être dit, la sélection du fournisseur doit porter sur des critères plus larges que la compétitivité des tarifs ou la rapidité de livraison. La qualité des relations que l'on peut entretenir avec lui, l'implication de ses salariés, ses capacités d'innovation, la solidité de son organisation, le respect de l'environnement naturel sont des éléments tout aussi importants pour déterminer les choix.

UNE ATTENTION NOUVELLE

Bien qu'il soit parmi les parties prenantes les plus proches de l'entreprise, le fournisseur, que nous voulons partie comprenante, est pourtant souvent la moins comprise, la plus négligée, corvéable à merci. Les processus d'externalisation qui sont en œuvre depuis plusieurs années dans les grandes entreprises n'ont pas amélioré la situation. Dans ce système, le donneur d'ordre externalise surtout ses contraintes en les faisant porter par le sous-traitant qui est tenté lui-même de les reporter sur ses propres fournisseurs, et ainsi de suite, en cascade.

Il est temps de sortir de cette spirale négative qui ne peut entraîner, au bout du compte, qu'une baisse générale de la qualité et une diminution de l'innovation, alors que c'est essentiellement par ces deux leviers que nos économies développées peuvent faire face à la concurrence mondiale. Il suffit pour cela de porter à nos fournisseurs une attention identique à celle que nous portons à nos clients.

Témoignage

Respect des fournisseurs

Les laboratoires Boiron, implantés dans la région lyonnaise, (2 836 salariés à travers le monde, dont 2 147 en France) utilisent plus de 1 400 plantes, issues de France ou des régions équatoriales et tropicales de la planète. Elles sont les matières premières des médicaments homéopathiques.

Les plantes fraîches, essentiellement sauvages, récoltées dans l'habitat naturel ou, plus rarement, cultivées, selon les critères de l'agriculture biologique, font l'objet d'un cahier des charges extrêmement rigoureux qui vise à préserver leurs vertus thérapeutiques et à protéger leur environnement et qui est envoyé aux 130 récolteurs. Sans appel d'offres, c'est chaque année le même spécialiste qui récoltera les mêmes plantes dans un même biotope. « Il est très important pour assurer le suivi de la qualité médicinale et le suivi du produit que nous ayons chaque année des plantes issues de même terroir », explique Jacqueline Reversat, responsable des approvisionnements. Pour les plantes récoltées à l'état sauvage, seuls 30 à 40 % de la production disponible seront récoltés pour laisser suffisamment de plants et assurer la pérennité de l'espèce au fil des années. Toute utilisation de pesticides ou fongicides qui pourraient altérer les propriétés de la plante est bannie. De même, les lieux de récolte doivent être éloignés de toute source de pollution : ville, axe routier, zone de culture intensive…

Trois exemples pour illustrer que la réussite économique de l'entreprise peut se conjuguer avec sa responsabilité environnementale et le respect de ses fournisseurs :

➤ Le guarana, plante cultivée au Brésil, donne des graines qui, une fois séchées et torréfiées, entrent dans la composition de plusieurs médicaments (action thérapeutique contre la fatigue et pour la mémoire). Le gouvernement brésilien, pour aider les producteurs autochtones face à la demande exponentielle du marché mondial, leur a fait don de séchoirs métalliques à haute température. Hélas, cette technique, en carbonisant les tanins, altère l'assimilation de la caféine qui fait que le guarana agresse violemment l'estomac. Autrement dit, la nouvelle technique inverse les vertus thérapeutiques du produit.

Au cours de ses recherches, Jacqueline Reversat a rencontré un vieil indien qui lui a montré des fragments de four traditionnel. Boiron a proposé de contribuer à la reconstruction de ces outils de torréfaction sur le modèle initial. Un accord a eu lieu. Depuis dix ans maintenant, ces fours fonctionnent, respectant la torréfaction ancestrale. Les jeunes sont revenus avec femmes et enfants dans les villages et reprennent confiance en l'avenir.

« Respectez la nature, elle vous respectera et vous donnera le meilleur d'elle-même. Il faut aller vers les hommes qui en ont la connaissance et le savoir-faire. Nous avons tout à y gagner. Économiquement, notre action originale pour ce guarana authentique, seul ayant à ce jour la certification officielle biologique, est triplement viable : nous avons installé des cultures à l'intérieur de la forêt sans déforestation, retrouvé la graine et ses vertus médicinales originelles et, grâce à cela, des familles entières se sont réinstallées au village et vivent bien de ce travail », explique Jacqueline Reversat.

➤ C'est ainsi que le choix d'un producteur français d'une sorte de benjoin[1] au Laos s'est fait tout naturellement. En mission économique, cet homme discret s'est attaché à développer la prise en main directe par les villageois de leur développement. En quelques années, l'humanitaire a cédé la place à l'économique et les femmes produisent maintenant une gomme-résine de benjoin de qualité supérieure, forçant l'admiration des meilleurs spécialistes. Le travail des mères permet ainsi de faire vivre un village, de scolariser les enfants dès le plus jeune âge et de les envoyer vers des études supérieures dans une perspective d'évolution sociale.

➤ Autre exemple encore, plus proche de nous, l'entreprise a travaillé avec le Conservatoire du littoral sur l'île de Porquerolles en Méditerranée, pour que soit sauvegardée et développée une plante méridionale qui a totalement disparu de son site d'origine, en raison de l'extension de l'agglomération nîmoise. Grâce aux soins des scientifiques, ce roseau a pu être sauvé et reste disponible en collection et pour tous les laboratoires pharmaceutiques au travers d'une demande d'autorisation de récolte de végétaux d'espèces protégées.

---

1. Antiseptique et adoucissant en usage externe, et désinfectant des voies urinaires en usage interne.

Questionnement

Comment remplir ce questionnaire pour identifier ses points d'amélioration :

• *Enjeu très important ou moins important : pour l'entreprise, en cohérence avec ses axes stratégiques, en tenant compte du secteur d'activité dans lequel elle se trouve et de ses spécificités.*

• *Niveau satisfaisant ou moins satisfaisant : évaluation par rapport à ce qui se pratique dans l'entreprise, toujours au regard de ses axes stratégiques.*

L'objectif est de positionner l'évaluation dans la synthèse en fin de chapitre en identifiant 5 points sensibles maximum sur lesquels agir prioritairement (pour plus de précision, voir chapitre « Comment vous servir de ce guide ? » p. 25).

I – S T R A T É G I E

	Enjeu très important	Enjeu moins important	Niveau satisfaisant	Niveau moins satisfaisant
47. En quoi les fournisseurs participent-ils concrètement à la performance et au développement de l'entreprise ?				

	Enjeu très important	Enjeu moins important	Niveau satisfaisant	Niveau moins satisfaisant
48. Les relations avec les fournisseurs les plus importants pour la performance de l'entreprise s'inscrivent-elles dans une stratégie de partenariat à moyen et long terme ? ❏ oui ❏ non				

Commentaires :

....

....

....

. . . .
. . . .
. . . .
. . . .

	Enjeu très important	Enjeu moins important	Niveau satisfaisant	Niveau moins satisfaisant
49. Est-ce que l'entreprise intègre des critères sociaux et environnementaux dans le choix des fournisseurs ? ❏ oui ❏ non				

Commentaires :

. . . .
. . . .
. . . .
. . . .
. . . .

II – MISE EN ŒUVRE

Choix et poids des fournisseurs

	Enjeu très important	Enjeu moins important	Niveau satisfaisant	Niveau moins satisfaisant
50. Quels sont les critères de choix des fournisseurs ?				
❏ leur capacité à honorer la demande				
❏ leur solidité financière				
❏ leur éloignement géographique/coût des transports et des déplacements				
❏ des critères propres à l'entreprise				
❏ des critères sociaux				
❏ des critères environnementaux				
❏ des critères éthiques				
❏ autres (précisez) :				

Commentaires :

. . . .

. . . .

. . . .

. . . .

. . . .

	Enjeu très important	Enjeu moins important	Niveau satisfaisant	Niveau moins satisfaisant
51. L'entreprise est-elle en péril si elle perd son ou ses fournisseurs les plus importants ? ❏ oui ❏ non				

Commentaires :

. . . .

. . . .

. . . .

. . . .

. . . .

Le cas échéant, des actions ont-elles été entreprises pour éviter cette dépendance ?　❏ oui　❏ non
Commentaires :

. . . .

. . . .

. . . .

. . . .

. . . .

Formalisation

	Enjeu très important	Enjeu moins important	Niveau satisfaisant	Niveau moins satisfaisant
52. La sélection des fournisseurs se fait-elle sur la base de règles formalisées connues des deux parties (cahier des charges, système qualité…) ? ❏ oui ❏ non				

Commentaires :

. . . .

. . . .

. . . .

. . . .

. . . .

. . . .

. . . .

Y a-t-il une contractualisation de la relation avec les fournisseurs ?   ❏ oui   ❏ non

Commentaires :

. . . .

. . . .

. . . .

. . . .

. . . .

. . . .

. . . .

	Enjeu très important	Enjeu moins important	Niveau satisfaisant	Niveau moins satisfaisant
53. S'il y a des fournisseurs sous-traitants au sein de l'entreprise, leurs salariés bénéfi-cient-ils des mêmes conditions de travail que les salariés de l'entreprise ? ❏ oui ❏ non				

Commentaires :

. . . .

. . . .

. . . .

. . . .

. . . .

. . . .

. . . .

Gestion des relations fournisseurs à moyen terme

	Enjeu très important	Enjeu moins important	Niveau satisfaisant	Niveau moins satisfaisant
54. Quelles sont les actions menées par l'entreprise pour prendre en compte les intérêts de ses fournisseurs ?				
❏ Négociation de prix acceptables pour les deux parties				
❏ Délais de paiement acceptables pour les deux parties				
❏ Conditions de réalisation du contrat acceptables pour les deux parties				
❏ Suivi qualité en relation avec les fournisseurs				
❏ Communication régulière avec les fournisseurs				
❏ Demande d'implication, dans une logique de respect des intérêts des deux parties, dans le processus de conception, de production, de commercialisation des produits et services				

Commentaires :

. . . .

. . . .

. . . .

. . . .

. . . .

. . . .

. . . .

I N D I C A T E U R S

55. Vous trouverez ci-dessous une liste d'indicateurs. Elle n'est pas exhaustive mais a pour objectif de vous indiquer le type d'indicateurs qui peuvent être utilisés. Cochez ceux qui sont pertinents par rapport à vos enjeux :

❏ Part de la sous-traitance dans le chiffre d'affaires

❏ Nombre de fournisseurs par domaine de fournitures

❏ Nombres de litiges par motif (retards, non-conformité…), par fournisseur

❏ Part des fournisseurs respectant les conventions fondamentales de l'Organisation internationale du travail

❏ Nombre d'achats effectués en non-conformité avec contrat

❏ Nombre de salariés, de sous-traitant présents dans l'entreprise

❏ Nombre de rencontres et négociations annuelles avec les fournisseurs

En avez-vous identifié d'autres ?

– ....

– ....

– ....

– ....

– ....

« FOURNISSEURS »

Maintenant que l'ensemble du questionnaire a été rempli et que vous avez identifié les enjeux les plus importants et les enjeux les moins importants, vous pouvez les reporter dans le tableau de synthèse ci-dessous.

En croisant l'importance des enjeux avec votre évaluation du niveau de pratique, vous allez ainsi visualiser les points sensibles sur lesquels agir pour progresser vers la performance globale.

Il peut être aussi intéressant de noter les enjeux que vous jugez moins importants afin de se rendre compte si la répartition en temps, énergie et moyen dans l'entreprise est bien cohérente avec votre évaluation de l'importance de ces enjeux.

Vous disposez d'une grille pour votre propre évaluation, une grille pour la partie prenante à qui vous avez décidé de soumettre également ce questionnaire et une grille pour croiser ces deux évaluations.

Évaluation par le dirigeant

Visualisation de votre évaluation et identification des points d'amélioration

	Niveau satisfaisant	Niveau moins satisfaisant	
Enjeux très importants	– – – – – –	– – – – – –	☛ **Vos points les plus sensibles**
Enjeux moins importants	– – – – –	– – – – –	

Notez dans ce tableau simplement les numéros des questions.

Évaluation « partie prenante »

Évaluation par la partie prenante à qui vous avez soumis ce questionnaire

	Niveau satisfaisant	Niveau moins satisfaisant	
Enjeux très importants	– – – – – –	– – – – – –	**Vos points les plus sensibles**
Enjeux moins importants	– – – – –	– – – – –	

Synthèse croisée

Confronter les évaluations du dirigeant et de la partie prenante consultée

Le groupe de pilotage de la démarche peut :

- *organiser un débat sur les questions communes,*

- *comparer les enjeux importants,*

- *discuter des points de désaccord en éclairant particulièrement en quoi et pourquoi ils représentent des enjeux forts pour l'entreprise. Des éléments d'explication peuvent être recherchés dans les faits, l'histoire de l'entreprise et son fonctionnement.*

Après avoir croisé ces évaluations, quels sont les points finalement retenus pour la partie prenante « Fournisseurs » ?

	Niveau satisfaisant	Niveau moins satisfaisant	
Enjeux très importants	– – – – – –	– – – – – –	☞ **Vos points les plus sensibles**
Enjeux moins importants	– – – – –	– – – – –	

Si plus de 5 questions numérotées apparaissent dans le cadre en haut à droite, il est préférable d'entourer celles qui vous semblent prioritaires afin de pouvoir, à l'issue du diagnostic complet, transformer en plans d'action les points d'amélioration qui demandent une solution immédiate.

Les salariés,
partie co-entreprenante

Le salarié n'est plus ce qu'il était. La formule a l'air d'une boutade, elle n'en est pas moins vraie. Les dirigeants ont souvent du mal a se détacher de l'image de l'employé de type industriel, force de travail interchangeable, dépendant d'eux, motivé par le seul salaire et dont les intérêts sont naturellement opposés à ceux du patron. D'ailleurs, d'un point de vue comptable, il est toujours évalué comme un coût, une charge pour l'entreprise.

Caricature ? Les ressources humaines ne sont-elles pas trop fréquemment considérées comme une simple variable d'ajustement en cas de difficulté de l'entreprise ? De plus, elles sont encore gérées, dans de trop nombreux cas, de manière très administrative. Contrat, paie, contrôle, respect du pouvoir disciplinaire de l'employeur, il n'est pas rare que les relations sociales se limitent à ces rapports légaux et codifiés. On gère la main-d'œuvre comme on gère les capitaux ou le parc de machines.

Pourtant, l'ère industrielle est largement derrière nous. Et les salariés ne sont plus les cols bleus, ou les cols blancs, fondus dans le même uniforme et le même paysage des luttes collectives. Pour de multiples raisons, en particulier les vagues de licenciement dont ils ont été l'objet, ils ont pris du recul par rapport à l'entreprise. Ils veulent être reconnus et considérés. Le travail n'est plus pour eux – pour nous tous ? – une valeur en soi, il n'a plus qu'une valeur relative. Ils n'hésitent pas à changer d'emploi si la situation le permet. Et, en raison de l'inversion démographique qui s'opère aujourd'hui, celle-ci va leur devenir de plus en plus favorable.

DES ÉVOLUTIONS RADICALES

Les entreprises vont donc se trouver confrontées à des problèmes de recrutement et de fidélisation, tandis que des pénuries de compétences commencent à apparaître dans certains secteurs. À cette conjoncture particulière s'ajoutent des mutations structurelles plus profondes et radicales. La concurrence mondiale conduit les entreprises à plus de flexibilité et d'adaptabilité. Les métiers évoluent sans cesse et demandent une technicité accrue, des compétences renouvelées. Parallèlement, les services prennent le pas sur les produits, ce qui nécessite que les salariés sachent faire preuve de qualités relationnelles. Enfin, la plus-value des produits et des services réside désormais dans l'intelligence qu'ils contiennent et qui est en grande partie celle que les salariés y mettent. Le capital humain devient donc largement aussi stratégique que le capital financier. Bien des chefs d'entreprise en ont conscience : 77 % des membres du CJD qui ont réalisé cet auto-diagnostic sont convaincus que les hommes et les femmes qui travaillent dans leur entreprise sont un facteur essentiel de sa performance. Mais ils reconnaissent qu'ils n'ont pas totalement pris la mesure de ce phénomène : 40 % estiment que leur politique de recrutement n'est pas efficace et seuls 28 % ont mis en place un outil d'identification et de gestion des potentiels de leurs salariés.

MIEUX VALORISER LE CAPITAL HUMAIN

La question qui se pose aujourd'hui est donc celle de la valorisation de ce capital humain. Comment penser le parcours des salariés dans l'entreprise et satisfaire leurs attentes légitimes en matière de rémunération, de formation et de reconnaissance ? Comment prendre en compte l'individualisation des rapports entre le salarié et l'entreprise ?

Malgré les discours, et même si des améliorations se dessinent, le management reste, en France, trop traditionnel, trop hiérarchique. Les salariés ne sont pas assez écoutés alors même que l'on prétend les responsabiliser. Une partie de leur mal-être actuel tient à cette double contrainte : « Prenez des initiatives mais restez à votre place ! »

Le savoir et les savoir-faire, dans l'entreprise, ne sont plus l'apanage de quelques-uns, ils sont partagés entre tous les membres de la communauté de travail qui en constituent l'intelligence collective. Dès lors, les salariés ne peuvent plus être traités comme des exécutants, mais deviennent des acteurs à part entière.

Ils sont la partie co-entreprenante de l'entreprise, dans la mesure où ils adhèrent au projet de l'entrepreneur et s'engagent à le réaliser avec lui. En conséquence, ils sont amenés à participer aux décisions et à proposer des idées de développement selon le principe de subsidiarité : le décideur opérationnel est généralement celui qui a la meilleure connaissance du problème, selon son niveau de responsabilité.

PARCOURS INDIVIDUEL ET NÉGOCIATION COLLECTIVE

Pour pouvoir jouer pleinement ce rôle, les salariés ont des attentes fortes envers l'entreprise. Celle-ci, au travers de la gestion des ressources humaines, doit s'intéresser à tout ce qui conditionne la trajectoire du salarié dans l'organisation, de son recrutement à son départ en passant par ses évolutions successives, de la manière la plus individualisée possible. Mais, puisqu'elle ne peut plus lui assurer un emploi à vie, elle doit aussi prendre en compte sa trajectoire en dehors de l'organisation en favorisant son employabilité, notamment par la formation. Il en va de sa responsabilité sociale mais aussi de son attractivité pour recruter et fidéliser les salariés qui vont l'aider à se développer.

L'engagement des salariés passe aussi par la qualité du dialogue social. C'est en effet par la négociation que des compromis positifs peuvent être trouvés entre les deux parties, employeur et salariés. Le chef d'entreprise doit avoir la volonté de développer la négociation collective et de renforcer les moyens du dialogue en poussant à la création d'instances de concertation qui font souvent défaut dans les PME, malgré les dispositions légales.

Contractualisation et gestion individuelle des parcours, négociation collective des règles que se donne l'entreprise : c'est ce double mouvement qui permettra au salarié de s'épanouir au sein de l'entreprise et de se considérer comme le co-entrepreneur de son développement.

Témoignages

Partage de projet

Frédéric Peduzzi dirige avec son frère une entreprise éponyme de gros œuvre créée en 1938 par leur grand-père à Epinal. Il emploie 120 personnes dans l'entreprise familiale et est aujourd'hui à la tête d'une holding de 10 entreprises dans le même secteur.

Parce qu'il est plus logique que ce soient les personnes concernées qui travaillent sur un projet et participent aux décisions, Frédéric Peduzzi a largement mis en œuvre la délégation et l'implication des salariés dans son entreprise. « Avec des cadrages, car le fondement de cette démarche n'est pas de déléguer pour se débarrasser des problèmes. Nous avons donc formalisé des tableaux de délégations générales qui résument ce que chacun peut faire avec indication des montants et des domaines d'actions. Ils sont diffusés dans l'entreprise afin que les responsabilités de chacun soient claires pour tous. »

Le principe général du management de Frédéric Peduzzi est de solliciter les salariés chaque fois qu'un problème les concernant doit trouver une solution. « Cette consultation était au départ effectuée par questionnaires pour faire émerger les thèmes, mais je me suis rapidement rendu compte que l'écrit bloquait les retours potentiels, explique-t-il. Nous envoyons donc maintenant une demande sur coupon-réponse pour connaître, sur un sujet donné, soit les suggestions, soit les volontés de participer à un groupe de travail. Les salariés qui ne sont pas intéressés n'ont aucune obligation de venir mais, à partir de ce moment-là, ils acceptent les décisions prises. » Sauf évidemment en cas de dysfonctionnement.

Dans ces groupes animés par les conducteurs de travaux, chacun apporte sa compétence et dispose d'une voix. « La direction fixe bien entendu le cadre, les objectifs et les moyens disponibles mais, après, je n'ai pas de voix prépondérante sur les autres. Les salariés sont très raisonnables et conscients des coûts. » Les propositions ainsi définies sont testées, parfois retravaillées et toujours revues après mise en œuvre. Il arrive que des sollicitations ne trouvent aucun écho mais cela permet de questionner la pertinence de la demande.

Cet ensemble de démarches trouve toute sa cohérence dans la façon dont Frédéric Peduzzi partage avec ses salariés ses valeurs d'entrepreneur et leur permet de participer à l'évolution du projet de l'entreprise. « J'ai formalisé ma vision de la direction que devrait prendre l'entreprise d'ici à cinq ans et les valeurs qui sous-tendent ce projet. Et nous travaillons avec les cadres, à partir de notre fonctionnement actuel, à la réorganisation de l'entreprise pour aller dans ce sens, en prenant en compte les salariés. Il est clair que la priorité ne peut être donnée aux intérêts individuels et qu'il y a des obligations minimums pour l'équipe. C'est pourquoi il est important de construire au fur et à mesure ce projet avec les conducteurs de travaux qui enrichissent thème par thème le plan d'action pour notre entreprise de demain. »

Construire ensemble

Philippe Margri dirige CMP, un groupe de trois entreprises en mécanique générale situé à Creil et qui emploie 25 salariés.

Philippe Margri a pris le parti d'associer ses salariés au projet de construction des nouveaux bâtiments de l'entreprise : « Tous vont vivre dedans au quotidien et ils sont certainement les mieux placés pour exprimer ce dont ils ont besoin, mais aussi ce dont ils peuvent avoir envie. » S'inspirant des méthodes qu'il utilise au CJD, Philippe Margri a organisé ce travail en commissions. « J'ai donné quelques règles de base pour que chacun puisse s'exprimer. Mais ces groupes de travail ont été animés par des collaborateurs pour qui c'était également une occasion de progresser. »

Les différentes réunions ont fait l'objet d'une synthèse qui a permis de rédiger le cahier des charges de l'appel d'offres. « Toutes les propositions étaient de l'ordre du bon sens pour de meilleures conditions de travail. Nous avons donc tout pris en compte dans le cahier des charges. En conséquence, ce projet est devenu celui de toute l'entreprise et chacun suit son avancement. »

Cette initiative a donné aux employés de Philippe Margri l'envie de participer plus concrètement à la vie de l'entreprise et aux choix qui sont faits. Le dialogue était auparavant plus informel et certains n'osaient pas une relation directe avec le « patron ». « Aujourd'hui, les questions sont plus franches et directes qu'avant. Mes collaborateurs comprennent mieux qui je suis et où je veux aller, ce qui est très important pour moi. »

La négociation sur les 35 heures qui a suivi a largement bénéficié de ce nouvel esprit collectif. Et, tous les mois, Philippe Margri réunit trois représentants des salariés pour aborder tous les sujets de la vie de l'entreprise. « La création des bâtiments a été le point de départ d'un nouveau dialogue. Il n'est bien sûr pas tenable pour la production que chaque décision soit subordonnée à des échanges avec les collaborateurs. Mais nous le ferons pour tout projet important concernant les conditions ou l'outil de travail. »

Santé et sécurité au cœur de la stratégie

Nathalie Hergon dirige Galvatlantique, une entreprise qui emploie 49 personnes à la Rochelle dans l'activité de la galvanisation (protection des métaux contre la corrosion).

Nathalie Hergon avait à cœur de diminuer au maximum les risques liés à l'activité industrielle de son entreprise. Une stratégie globale « Qualité-Hygiène-Santé-Sécurité-Environnement » a donc été élaborée avec l'ensemble du personnel qui a baptisé ce projet « Atmosphère ». « Sa spécificité, souligne Nathalie, tient au fait que chaque collaborateur de l'entreprise, quel que soit son niveau, est garant de la sécurité de toute personne présente dans l'entreprise. Nous avons été guidés par le principe que la santé est une problématique à traiter hors de toute hiérarchie et vis-à-vis de tout le monde, interne et externe. »

Ainsi tous les salariés ont légitimité à intervenir auprès d'un collègue, d'un client ou d'un prestataire pour lui demander de respecter les règles de sécurité telles que le port du casque, de chaussures renforcées ou de masques… « Un actionnaire, fondateur de la société il y a 35 ans, s'est vu refuser l'entrée de l'atelier. Un peu estomaqué sur le coup, il a en fait très bien pris les choses car cette démarche, certes directive, s'appuie sur un discours diplomatique commun à tous les membres de l'entreprise et bien argumenté. Le message est d'autant plus fort qu'il repose sur ce consensus porté par toute l'entreprise. Nous avons joué sur la cohérence et le sens. Notre métier, la galvanisation, consiste à protéger les métaux. Dans le même esprit, nous protégeons l'humain. » Le respect des règles environnementales implique également qu'en interne, chacun fasse le tri des déchets mais aussi que l'on s'assure que les intervenants externes aillent dans le même sens. « Nous faisons un travail de sensibilisation auprès de nos clients pour qu'ils utilisent des matériaux recyclables, invitons les prestataires qui viennent travailler dans nos ateliers à respecter nos règles de sécurité et trier leurs déchets. »

Un tel projet, qui nécessite une nouvelle approche globale et transversale, ne peut s'envisager que sur le moyen terme et avec la participation de tous. Pour Nathalie Hergon, « l'aspect social est fondamental. Parce qu'il s'agit d'abord d'éducation, de changement de comportement. Il faut prendre en compte l'aspect humain, accompagner les gens, être à leur écoute pour anticiper les blocages. La formation va dans ce sens. Si elle correspond au projet collectif, elle vise également le développement de l'employabilité des personnes et doit être diplômante. Et, ensuite, parce que les règles de fonctionnement de l'entreprise, les conditions de travail, l'aménagement des ateliers doivent être élaborés avec le personnel. Notre méthode de travail a donc été de soumettre les problématiques à nos collaborateurs en leur donnant les moyens de réfléchir aux actions, tout comme les moyens de les mettre en œuvre. Et d'accepter d'être critiqués. La seule règle est qu'une remarque doit être motivée, argumentée. »

Autre élément à prendre en compte impérativement, la mesure et le suivi des actions. « Lorsqu'on se lance dans une démarche globale, il faut pouvoir régulièrement recouper les différents domaines concernés, se remettre en cause, mesurer les impacts, vérifier si l'on n'a pas déplacé un problème. Cela permet également de donner un retour aux collaborateurs par la sensibilisation et non par la sanction. Si un risque se répète, c'est que nous n'avons pas su communiquer correctement, nous refaisons le travail. Après, chacun se retrouve devant sa responsabilité individuelle. Mais nous continuons l'accompagnement car, parfois, des gens ne sont pas là où ils voudraient être et nous devons trouver une solution ensemble. »

Si les investissements, en temps et en moyens ont été énormes, les résultats de ce travail commencent à être probants. Quelques chiffres pour les illustrer : de 400 jours d'accidents du travail l'année dernière, l'entreprise est passée à 29 cette année, le taux d'absentéisme pour maladie a baissé de 50 %. Dans le même temps, le taux de rentabilité individuel a progressé de 20 %.

La formation : un outil de management

Patrice Chagnaud dirige, à la Rochelle, Hydro Applications, une entreprise de réparation de composants hydrauliques qui emploie 28 personnes.

Patrice Chagnaud reprend en 1996 cette entreprise de 19 salariés, fondée par son prédécesseur. Il cherche à faire valoir une autre vision du métier et son intention de développer l'entreprise. « La reprise est un moment fort de la vie d'une entreprise et j'étais très attendu dans mes actes par les salariés. Je me suis très vite saisi de la formation comme un outil de management et d'évolution de l'entreprise et j'ai lancé, dès 1997, un plan sur trois ans concernant l'ensemble du personnel, avec des fonds européens. L'informatique arrivait dans notre métier, je voulais dynamiser le commercial, deux domaines où les salariés n'avaient jamais bénéficié de formation car ce n'était pas dans la culture du créateur de l'entreprise. »

Patrice Chagnaud enchaîne sur l'amélioration de la qualité, quand les 35 heures arrivent ! « C'est vite devenu invivable. Je me suis alors rendu compte que je n'avais pas partagé mes choix stratégiques et mes projets. Forcément, cela a conduit à l'échec, même si, avec le recul, je constate que nous avons finalement progressé. Mais le programme qualité n'a pas abouti et les quatre jours travaillés par semaine ont remis en question toute l'organisation. » L'année 2000 a donc été une année de relâche pour repartir d'un bon pied l'année suivante, autour d'un nouveau plan de formation partagé. « J'ai lancé une enquête d'expression des besoins auprès de mes collaborateurs, ainsi que des entretiens de progrès. Ce nouveau plan était aussi une remise en route de l'entreprise et de son organisation. Cela nous a enfin permis d'aller vers ISO 9001 et 14001. Et de palier les déficiences des offres de formation pour notre métier. » Des tuteurs ont été formés parmi les anciens pour intégrer des jeunes en contrat de qualification.

Le dirigeant d'Hydro Applications a également fait mettre en place un tableau des polyvalences et des compétences sur lequel figurent tous les salariés, y compris lui-même. « Remis à jour tous les ans, il permet de mesurer l'impact des formations. Les salariés peuvent faire des comparaisons et se positionner par rapport à leurs collègues. C'est un facteur d'émulation. »

Preuve en est : l'entreprise qui compte aujourd'hui 28 salariés a vu son chiffre d'affaires croître de 40 % en sept ans et ses marges augmenter. « Mais, attention, prévient Patrice Chagnaud, renforcer les compétences oblige à faire évoluer en même temps l'outil de travail. C'est un investissement important. »

Questionnement

Comment remplir ce questionnaire pour identifier ses points d'amélioration ?

• *Enjeu très important ou moins important : pour l'entreprise, en cohérence avec ses axes stratégiques, en tenant compte du secteur d'activité dans lequel elle se trouve et de ses spécificités.*

• *Niveau satisfaisant ou moins satisfaisant : évaluation par rapport à ce qui se pratique dans l'entreprise, toujours au regard de ses axes stratégiques.*

L'objectif est de positionner l'évaluation dans la synthèse en fin de chapitre en identifiant 5 points sensibles maximum sur lesquels agir prioritairement (pour plus de précision, voir chapitre « Comment vous servir de ce guide ? » p. 25).

I – S T R A T É G I E

	Enjeu très important	Enjeu moins important	Niveau satisfaisant	Niveau moins satisfaisant
56. Y a-t-il une politique Ressources humaines définie ? ❏ oui ❏ non				

Si oui, Comment est-elle exprimée ?

....

....

....

....

....

Quels en sont les points déterminants ?

....

....

....

....

....

	Enjeu très important	Enjeu moins important	Niveau satisfaisant	Niveau moins satisfaisant
57. La fonction RH est-elle considérée comme une fonction stratégique au sein de la direction (poste dédié, place dans l'organigramme...) ? ❏ oui ❏ non				

Commentaires :

. . . .

. . . .

. . . .

. . . .

. . . .

. . . .

. . . .

	Enjeu très important	Enjeu moins important	Niveau satisfaisant	Niveau moins satisfaisant
58. Y a-t-il une réflexion sur les compétences nécessaires à court et moyen terme ? ❏ **oui** ❏ **non**				

Commentaires :

. . . .

. . . .

. . . .

. . . .

. . . .

. . . .

	Enjeu très important	Enjeu moins important	Niveau satisfaisant	Niveau moins satisfaisant
59. Considérez-vous que le dialogue social dans l'entreprise permette d'atteindre ses objectifs ? En particulier, l'entreprise s'assure-t-elle du niveau de satisfaction de ses collaborateurs ? De quelle manière ?				

	Enjeu très important	Enjeu moins important	Niveau satisfaisant	Niveau moins satisfaisant
60. Est-ce que l'entreprise prend suffisamment en compte dans sa stratégie la sécurité et la santé des personnes ? ❏ oui ❏ non				

Commentaires :

. . . .

. . . .

. . . .

. . . .

. . . .

I I – M I S E   E N   Œ U V R E

Employabilité

	Enjeu très important	Enjeu moins important	Niveau satisfaisant	Niveau moins satisfaisant
61. Le processus de recrutement répond-il au besoin en compétences de l'entreprise ? ❏ oui ❏ non				

Commentaires :

. . . .

. . . .

. . . .

. . . .

. . . .

	Enjeu très important	Enjeu moins important	Niveau satisfaisant	Niveau moins satisfaisant
62. Y a-t-il un bilan de chaque collaborateur chaque année en termes de résultats, de définition des objectifs et d'expression du besoin en formation ? ❏ oui ❏ non				

Si oui, comment ?

. . . .

. . . .

. . . .

. . . .

. . . .

Fait-il l'objet d'une démarche systématique et formalisée ? ❏ oui   ❏ non
Si oui, pour quelle population ?

. . . .

. . . .

. . . .

. . . .

. . . .

	Enjeu très important	Enjeu moins important	Niveau satisfaisant	Niveau moins satisfaisant
63. Y a-t-il un plan de formation qui corresponde au besoin de l'entreprise et favorise l'employabilité des salariés ? ❏ oui ❏ non				

Si oui, quel en est le contenu ?

. . . .

. . . .

. . . .

. . . .

. . . .

Avec qui est-il élaboré ?

. . . .

. . . .

. . . .

. . . .

. . . .

. . . .

Comment en mesure-t-on l'efficacité ?

. . . .

. . . .

. . . .

. . . .

. . . .

. . . .

. . . .

	Enjeu très important	Enjeu moins important	Niveau satisfaisant	Niveau moins satisfaisant
64. L'entreprise favorise-t-elle la mobilité interne ? ❏ **oui** ❏ **non**				

Si oui, comment ?

. . . .

. . . .

. . . .

. . . .

. . . .

. . . .

. . . .

Conditions de travail - santé – sécurité

	Enjeu très important	Enjeu moins important	Niveau satisfaisant	Niveau moins satisfaisant
65. L'entreprise favorise-t-elle l'aménagement du temps de travail ? ❏ **oui** ❏ **non**				
Si oui, comment ? ❏ Temps partiel ❏ Temps annualisé ❏ Vacances scolaires ❏ Congés sabbatiques ❏ Autre (précisez)				

Commentaires :

. . . .

. . . .

. . . .

. . . .

. . . .

	Enjeu très important	Enjeu moins important	Niveau satisfaisant	Niveau moins satisfaisant
66. Comment l'entreprise se préoccupe-t-elle des conditions de travail (poste de travail, bruit, conditions thermiques…) ?				

	Enjeu très important	Enjeu moins important	Niveau satisfaisant	Niveau moins satisfaisant
67. Que met en œuvre l'entreprise afin d'assurer des relations de travail de qualité ? ❑ Réduction du stress ❑ Prévention de toute forme de harcèlement ❑ Lutte contre l'abus de pouvoir ❑ Réalisme des objectifs ❑ Autre (précisez)				

Commentaires :

. . . .

. . . .

. . . .

. . . .

. . . .

. . . .

	Enjeu très important	Enjeu moins important	Niveau satisfaisant	Niveau moins satisfaisant
68. L'entreprise met-elle tout en œuvre pour garantir la sécurité physique de ses collaborateurs ? ❑ Analyse des risques ❑ Prévention (consignes de sécurité, notamment port systématique des matériels de protection) ❑ Information et formation des salariés ❑ Implication des collaborateurs ou de leurs représentants ❑ Implication du médecin ❑ Autre (précisez)				

Commentaires :

....

....

....

....

....

....

Rémunération et protection sociale

	Enjeu très important	Enjeu moins important	Niveau satisfaisant	Niveau moins satisfaisant
69. Y a-t-il une politique générale de rémunération ? ❑ oui ❑ non				

Si oui, est-elle connue ?   ❑ oui   ❑ non
Commentaires :

....

....

....

....

....

....

La rémunération des salariés est-elle corrélée au résultat (intéressement, primes…) ? ❏ **oui**   ❏ **non**

Commentaires :

. . . .

. . . .

. . . .

. . . .

. . . .

	Enjeu très important	Enjeu moins important	Niveau satisfaisant	Niveau moins satisfaisant
70. Quels sont les dispositifs de protection sociale et avantages divers existants dans l'entreprise ? ❏ Prévoyance ❏ Retraite ❏ Mutuelle ❏ Actions sociales ❏ Autre (précisez) ………………………………				

Commentaires :

. . . .

. . . .

. . . .

. . . .

. . . .

Discrimination

La loi française condamne les entreprises qui pratiquent la discrimination directe et indirecte fondée sur l'origine, le sexe, les mœurs, l'orientation sexuelle, l'âge, la situation de famille, l'appartenance ou la non-appartenance vraie ou supposée à une ethnie, une nation ou une race, les opinions politiques, les activités syndicales ou mutualistes, les convictions religieuses, l'apparence physique, le patronyme, l'état de santé, le handicap.

	Enjeu très important	Enjeu moins important	Niveau satisfaisant	Niveau moins satisfaisant
71. L'entreprise s'est-elle assurée d'être en conformité avec ce cadre légal ? ❏ oui ❏ non				

Commentaires :

. . . .

. . . .

. . . .

. . . .

. . . .

Quels sont les moyens dont se dote l'entreprise pour se préserver de toute discrimination et favoriser la diversité ?

- ❏ Information
- ❏ Formation et sensibilisation
- ❏ Promotion de l'égalité des chances de tous
- ❏ Discrimination positive
- ❏ Autre (précisez) . . . .

Commentaires :

. . . .

. . . .

. . . .

. . . .

. . . .

Dialogue social

	Enjeu très important	Enjeu moins important	Niveau satisfaisant	Niveau moins satisfaisant
72. L'entreprise a-t-elle des instances de dialogue social formalisées ? ❏ oui ❏ non				

Précisez :

	oui	non
Délégué du personnel	❏	❏
Comité d'entreprise	❏	❏
Délégué syndical	❏	❏
CHSCT	❏	❏
Délégation unique du personnel	❏	❏
PV de carence	❏	❏
Situation à clarifier	❏	❏

Commentaires :

....

....

....

....

....

....

....

	Enjeu très important	Enjeu moins important	Niveau satisfaisant	Niveau moins satisfaisant
73. L'expression et les attentes des salariés sont-elles prises en compte ? Comment ?				

	Enjeu très important	Enjeu moins important	Niveau satisfaisant	Niveau moins satisfaisant
74. Les décisions stratégiques et les éléments importants de la vie de l'entreprise sont-ils expliqués aux salariés ? ❑ oui ❑ non				

Si oui, comment et à quelle fréquence ?

....

....

....

....

....

....

....

	Enjeu très important	Enjeu moins important	Niveau satisfaisant	Niveau moins satisfaisant
75. Le processus de négociation résulte-t-il d'une réelle prise en compte des intérêts et enjeux humains, techniques et financiers de l'ensemble des parties concernées ?				

I N D I C A T E U R S

76. Vous trouverez ci-dessous une liste d'indicateurs. Elle n'est pas exhaustive mais a pour objectif de vous indiquer le type d'indicateurs qui peuvent être utilisés. Cochez ceux qui sont pertinents par rapport à vos enjeux :

- ❏ Effectif (total ; répartition CDI/CDD/Intérim ; par catégorie ; par sexe ; par âge)
- ❏ Nombre de salariés handicapés dans l'entreprise et par type de poste
- ❏ Part des femmes dans les équipes de direction
- ❏ Nombre de licenciements par motifs
- ❏ Création nette d'emplois
- ❏ Part de la masse salariale consacrée à la formation par catégorie de personnel (le mettre en rapport avec les obligations légales, les pratiques de votre branche professionnelle…)
- ❏ Nombre de salariés ayant un accès internet par catégorie
- ❏ *Turn-over* par rapport au secteur d'activité
- ❏ Taux d'absentéisme par motifs
- ❏ Nombres moyens d'heures supplémentaires
- ❏ Taux de gravité des accidents du travail
- ❏ Taux de fréquence des accidents du travail
- ❏ Évolution moyenne des salaires et avantages sociaux par catégories
- ❏ Nombre d'accords d'entreprise par an
- ❏ Nombres de conflits sociaux par an

❑ Nombre de recours à une juridiction prud'homale ou autre

❑ Nombre de journées de formation dédiées aux acteurs du dialogue social (dirigeants, salariés)

En avez-vous identifié d'autres ?

– ....

– ....

– ....

– ....

– ....

« SALARIÉS »

Maintenant que l'ensemble du questionnaire a été rempli et que vous avez identifié les enjeux les plus importants et les enjeux les moins importants, vous pouvez les reporter dans le tableau de synthèse ci-dessous.

En croisant l'importance des enjeux avec votre évaluation du niveau de pratique, vous allez ainsi visualiser les points sensibles sur lesquels agir pour progresser vers la performance globale.

Il peut être aussi intéressant de noter les enjeux que vous jugez moins importants afin de se rendre compte si la répartition en temps, énergie et moyen dans l'entreprise est bien cohérente avec votre évaluation de l'importance de ces enjeux.

Vous disposez d'une grille pour votre propre évaluation, une grille pour la partie prenante à qui vous avez décidé de soumettre également ce questionnaire et une grille pour croiser ces deux évaluations.

Évaluation par le dirigeant

Visualisation de votre évaluation et identification des points d'amélioration

	Niveau satisfaisant	Niveau moins satisfaisant	
Enjeux très importants	– – – – – –	– – – – –	☞ **Vos points les plus sensibles**
Enjeux moins importants	– – – – –	– – – – –	

Notez dans ce tableau simplement les numéros des questions.

Évaluation « partie prenante »

Évaluation par la partie prenante à qui vous avez soumis ce questionnaire

	Niveau satisfaisant	Niveau moins satisfaisant	
Enjeux très importants	– – – – – –	– – – – – –	☛ **Vos points les plus sensibles**
Enjeux moins importants	– – – – –	– – – – –	

Synthèse croisée

Confronter les évaluations du dirigeant et de la partie prenante consultée

Le groupe de pilotage de la démarche peut :

- *organiser un débat sur les questions communes,*

- *comparer les enjeux importants,*

- *discuter des points de désaccord en éclairant particulièrement en quoi et pourquoi ils représentent des enjeux forts pour l'entreprise. Des éléments d'explication peuvent être recherchés dans les faits, l'histoire de l'entreprise et son fonctionnement.*

Après avoir croisé ces évaluations, quels sont les points finalement retenus pour la partie prenante « Salariés » ?

	Niveau satisfaisant	Niveau moins satisfaisant	
Enjeux très importants	– – – – – –	– – – –	☛ **Vos points les plus sensibles**
Enjeux moins importants	– – – – –	– – – – –	

Si plus de 5 questions numérotées apparaissent dans le cadre en haut à droite, il est préférable d'entourer celles qui vous semblent prioritaires afin de pouvoir, à l'issue du diagnostic complet, transformer en plans d'action les points d'amélioration qui demandent une solution immédiate.

L'environnement naturel, partie omniprenante

On a longtemps vécu sur l'idée que la croissance économique excusait tout. Puisque celle-ci apportait globalement plus d'abondance, plus de confort, plus de richesses, on admettait sans trop sourciller ses conséquences néfastes comme le revers inévitable de la médaille du mieux-être. Ce n'est qu'avec le ralentissement de cette croissance qu'on a pris réellement conscience de ce que certains ont appelé « les dégâts du progrès » : dommages aux humains et dégradation de la nature.

Aujourd'hui encore, le débat n'est pas tranché. Au niveau mondial, nombre de pays, quel que soit leur niveau de développement, ne sont pas prêts à sacrifier la progression économique de celui-ci sur l'autel de la protection de l'environnement et du respect des personnes. Dans notre pays même, pourtant signataire de tous les accords environnementaux, il ne manque pas de responsables politiques et économiques pour qui quelques points de croissance valent bien une augmentation des taux de pollution, surtout s'il s'agit, argument suprême, de préserver l'emploi.

SOUS LA PRESSION DE LA LOI ET DES CONSOMMATEURS

Ces raisonnements à courte vue sont-ils vraiment raisonnables, même du strict point de vue économique ? Les pressions externes se font de plus en plus fortes pour que l'entreprise améliore ses performances environnementales. Les consommateurs ont une sensibilité accrue pour les produits écologiquement propres, tout au long de leur existence, de leur procédé de fabrication à leur mise au rebut. Les riverains des entreprises, eux, n'acceptent plus que celles-ci leur polluent la vie par quelque nuisance que ce soit. Ces exigences sont relayées par la loi qui impose des normes de production de plus en plus strictes.

En interne, la loi rappelle également que le dirigeant est responsable de l'intégrité physique et mentale de ses salariés, c'est-à-dire, en particulier, que les processus de fabrication ne doivent pas nuire à leur santé, ni le mode de management leur créer trop de stress.

L'environnement, longtemps négligé, cerne donc l'entreprise de toutes parts. À l'intérieur, elle doit rendre compte des impacts de sa production sur son personnel et sur son propre milieu de travail. À l'extérieur, des effets de son activité et de ses produits sur le milieu alentour et sur leurs utilisateurs. Cette omniprésence nouvelle de la préoccupation environnementale, dans ses dimensions de prévention de la pollution mais aussi d'hygiène et de sécurité, en fait bien une partie « omniprenante » de l'entreprise.

UNE DÉMARCHE VOLONTARISTE

Le dirigeant porte ainsi la responsabilité des risques que génère son entreprise, non seulement dans son action immédiate mais aussi pour les années à venir. La réaction peut être de faire le gros dos, d'augmenter sa police d'assurance et de s'en tenir à une attitude curative, lorsque l'accident est arrivé.

Il semble plus judicieux de s'engager dans une démarche plus volontariste en utilisant la contrainte comme un levier d'innovation qui permettra à l'entreprise de devancer la concurrence par la qualité « éco-environnementale » de ses produits et services.

Mais il n'est pas obligatoire de se lancer dans des plans de grande envergure, difficiles à maîtriser et dont on aura du mal à mesurer les effets tangibles, ce qui provoque souvent de la lassitude et du désengagement. Au contraire, il est préférable de se donner des objectifs plus limités mais réalisables : de même que l'accumulation des petites pollutions fait les grandes, la multiplication des petites améliorations peut donner de grands résultats.

DE MULTIPLES ACTIONS POSSIBLES

Selon son secteur d'activité, sa localisation, ses enjeux économiques, son projet, ses valeurs affichées, chaque entreprise peut initier différentes actions, comme, par exemple :

- Des programmes d'économie de ressources (réduction de la consommation d'énergie, de matières premières, de papier…) ;
- La diminution de l'émission des gaz à effet de serre ;

- L'analyse du cycle de vie des produits ou des prestations proposés, visant à en réduire les conséquences néfastes sur la société et l'environnement. Et, donc, l'intégration en amont, dans la recherche et développement, des exigences du développement durable, selon le concept d'*ecodesign* (ou éco-conception) ;

- L'information sur le bon usage, voire le risque de certains produits ;

- Une réflexion sur l'utilité des produits et prestations pour la société ;

- La prise en compte de la part des matières premières non renouvelables dans la fabrication des produits ;

- La définition des risques et des dangers encourus par ceux qui fabriquent, transportent ou consomment les produits et prestations de l'entreprise ;

- La sensibilisation, l'information, la formation des autres parties prenantes.

Sur ce dernier point, soulignons que les chefs d'entreprise ont certainement un rôle pédagogique à jouer pour aider à faire évoluer les mentalités et les comportements. Il est donc important d'associer les salariés à toutes les démarches liées à l'environnement, de manière à ce qu'ils puissent se les approprier et proposer des solutions concrètes, chacun à leur niveau d'intervention, pour acquérir de nouveaux réflexes. C'est à la fois individuellement et collectivement que se construit et se concrétise la responsabilité sociale et environnementale des entreprises.

Témoignages

Quand marché et environnement font bon ménage

Jean-Pascal Chupin dirige, à Nantes, le groupe Florentaise, des sociétés qui emploient plus d'une centaine de salariés dans les activités de l'exploitation de carrières de sables et de supports de culture et terreaux.

Le métier de Jean-Pascal Chupin repose sur l'extraction de matières premières du sol. La montée en puissance des mouvements écologiques européens, notamment dans l'activité qui concerne la tourbe, destructrice de zones humides sensibles, risquait d'aboutir à la fin des autorisations d'extraction. Le dirigeant du groupe Florentaise a donc mis en place une stratégie de recherche de produits plus respectueux de l'environnement, selon deux axes :

➤ « Le premier, assez classique, est celui de l'innovation pour trouver des produits de substitution conservant la même qualité finale que la tourbe. Depuis quatre ou cinq ans, j'ai racheté des brevets qui permettent de retraiter des fibres de bois, récupérées des déchets de scieries, ou du compost de déchets verts. Une stratégie payante puisque j'ai ainsi remporté des marchés avec la grande distribution que je n'aurai pas eus sans cette préoccupation environnementale. » Parallèlement, il a mené une démarche ISO 9001, obtenu les certificats NF, Qualité France et celui du Bureau Véritas.

➤ Le deuxième axe, plus inhabituel, a consisté à réconcilier l'extraction avec la défense de l'environnement. « Je suis parti du principe que, parfois, trop de protection nuit à la nature. Il en est ainsi du parc naturel régional de la Brière dont les 7 000 hectares sont protégés depuis l'après-guerre. Les roselières font peu à peu disparaître les plans d'eau. Cela représente des coûts énormes d'entretien et a des conséquences sur la migration des oiseaux pour qui ces étangs étaient une étape importante… »

Jean-Pascal Chupin a réussi à signer une convention avec les 26 communes concernées par le Parc et à nouer des partenariats avec les scientifiques et les associations de sauvegarde de la nature. « J'ai une autorisation d'extraction pour 30 ans afin de reconquérir les 750 hectares de plans d'eau et de redonner son aspect initial à cette région. Le "noir de Brière", mélangé aux fibres de bois brevetées, donne un produit de bonne qualité diffusé dans les réseaux de marques. »

Il étudie aujourd'hui le désenvasement de zones dont le sol a les mêmes caractéristiques que la tourbe. « Il y a un vrai marché potentiel autour du développement durable qui peut se décliner dans toutes les activités, même celles qui sont, comme les miennes, considérées comme destructrices de l'environnement. »

Aller au-delà des règlements

Jean-François Gobichon est responsable de DOL Forage SA, en Bretagne, qui compte neuf salariés pour 910 000 euros de CA.

Le secteur du forage est extrêmement réglementé. En Bretagne, il y a 1 200 forages par an et chaque entreprise de forage a un champ d'action de 150 km de rayon.

« En 1999, commente Jean-François Gobichon, la réglementation reposait sur le respect de l'environnement. En effet, si les eaux souterraines ne sont pas protégées comme il se doit, forer deviendra interdit. Mais si cette réglementation se veut très contraignante, les contrôles ne le sont pas. Seulement un ou deux sont effectués par an. On imagine alors facilement qu'un fossé se creuse entre les entreprises qui continuent à faire n'importe quoi, qui ne prennent aucune précaution et peuvent, par conséquent, pratiquer des prix bas, et les autres qui se forcent à respecter les règles. »

Il faudrait pousser au contrôle, mais l'État n'en a pas les moyens. Pour être acteurs, pour avoir du poids, il faut entrer dans le syndicat des foreurs et pratiquer ensuite des opérations de lobbying.

« Étant donné les conséquences que peut entraîner ce non-respect de la réglementation, nous avons décidé de monter une association entre foreurs, institutionnels et maîtres d'ouvrage, afin de contrôler les entreprises sur leurs moyens humains et de permettre de faire des contrôles *a posteriori* sur les forages déjà faits. Mais nous nous sommes heurtés à un obstacle inattendu : la lenteur des institutionnels avec qui nous travaillons. Par ailleurs, le financement est problématique et une telle opération demande du temps et de l'énergie. Un des facteurs clés de notre succès, c'est d'avoir nommé un "chargé d'urgence" et de maintenir une ligne de conduite ferme afin que les institutionnels ne s'accaparent pas l'idée. Certes, nous sommes obligés de vendre plus cher mais c'est aussi un argument de poids : nous vendons avec des garanties que tout le monde ne peut pas proposer. Nous maintenons ainsi nos concurrents à distance. Nous avons construit une image autour de ce choix d'aller au-delà de ce que demandent les règlements et nous captons ainsi une clientèle pour qui l'environnement est une véritable préoccupation qui prend le pas sur le prix. »

Questionnement

Comment remplir ce questionnaire pour identifier ses points d'amélioration :

• *Enjeu très important ou moins important : pour l'entreprise, en cohérence avec ses axes stratégiques, en tenant compte du secteur d'activité dans lequel elle se trouve et de ses spécificités.*

• *Niveau satisfaisant ou moins satisfaisant : évaluation par rapport à ce qui se pratique dans l'entreprise, toujours au regard de ses axes stratégiques.*

L'objectif est de positionner l'évaluation dans la synthèse en fin de chapitre en identifiant 5 points sensibles maximum sur lesquels agir prioritairement (pour plus de précision, voir chapitre « Comment vous servir de ce guide ? » p. 25).

I – STRATÉGIE

Analyse de l'impact sur l'environnement

	Enjeu très important	Enjeu moins important	Niveau satisfaisant	Niveau moins satisfaisant
77. Société de production comme société de services, l'entreprise a-t-elle effectué une analyse de ses impacts directs et indirects sur l'environnement (système de production, choix des fournisseurs, usage des produits, recyclage des produits…) ? ❑ oui ❑ non				

Si oui, comment ?

. . . .

. . . .

. . . .

. . . .

. . . .

Système de management

	Enjeu très important	Enjeu moins important	Niveau satisfaisant	Niveau moins satisfaisant
78. L'entreprise a-t-elle mis en place un système de management de l'environnement (analyse des impacts, information des salariés, suivi des réglementations, définition d'objectifs, contrôle et *reporting*, information des clients…) ? ❑ oui ❑ non				

Commentaires :

. . . .

. . . .

. . . .

. . . .

. . . .

II – MISE EN ŒUVRE

Système de management de l'environnement

	Enjeu très important	Enjeu moins important	Niveau satisfaisant	Niveau moins satisfaisant
79. L'entreprise a-t-elle effectué une analyse des impacts en impliquant les parties prenantes internes (collaborateurs, médecine du travail, représentants du personnel) et externes (clients, riverains, pouvoirs publics, territoire) de l'entreprise ? ❏ oui ❏ non				

Comment ?

. . . .

. . . .

. . . .

. . . .

. . . .

	Enjeu très important	Enjeu moins important	Niveau satisfaisant	Niveau moins satisfaisant
80. L'entreprise prend-elle en compte les impacts environnementaux (ressources naturelles, consommation d'énergie, recyclage...) dès la conception des produits et services (éco-conception) ? ❏ oui ❏ non				

Commentaires :

. . . .

. . . .

. . . .

. . . .

. . . .

. . . .

	Enjeu très important	Enjeu moins important	Niveau satisfaisant	Niveau moins satisfaisant
81. L'entreprise a-t-elle affecté des ressources humaines et financières à la gestion de l'environnement ? ❏ oui ❏ non				

Commentaires :

. . . .

. . . .

. . . .

. . . .

. . . .

. . . .

	Enjeu très important	Enjeu moins important	Niveau satisfaisant	Niveau moins satisfaisant
82. L'entreprise a-t-elle mis en œuvre un plan d'information et de formation vis-à-vis des salariés ? ❏ oui ❏ non				

Commentaires :

. . . .

. . . .

. . . .

. . . .

. . . .

	Enjeu très important	Enjeu moins important	Niveau satisfaisant	Niveau moins satisfaisant
83. L'entreprise s'est-elle fixé des objectifs en matière de réduction de ses impacts environnementaux ? ❏ oui ❏ non				

Si oui, dans quels domaines ?

....

....

....

....

....

L'entreprise a-t-elle mis en œuvre un suivi et un *reporting* des actions d'amélioration ?   ❏ **oui**   ❏ **non**
Commentaires :

....

....

....

....

....

Gestion des impacts et conformité à la réglementation

	Enjeu très important	Enjeu moins important	Niveau satisfaisant	Niveau moins satisfaisant
84. En ce qui concerne les impacts environne- mentaux liés au système de production et aux produits et services, la réglementation est-elle connue ? ❏ oui ❏ non				

Commentaires :

....

....

....

....

....

L'entreprise est-elle conforme à la loi ou se positionne-t-elle au-delà ?
Comment ?

. . . .

. . . .

. . . .

. . . .

. . . .

L'entreprise prend-elle des initiatives dans les domaines suivants ?

Système de production	OUI	NON
Limitation des consommations d'énergie	❏	❏
Limitation de la consommation d'eau	❏	❏
Maîtrise des rejets aqueux	❏	❏
Limitation de la consommation de matières premières	❏	❏
Maîtrise des rejets atmosphériques	❏	❏
Prévention de la pollution des sols et sous-sols	❏	❏
Réduction, valorisation, traitement des déchets	❏	❏
Limitation des nuisances sonores	❏	❏
Limitation des impacts environnementaux liés au transport	❏	❏
Réduction et recyclage des emballages	❏	❏
Autre (précisez)	❏	❏

Produits, services	OUI	NON
Information des clients sur le bon usage et la nature des produits	❏	❏
Information des clients sur le recyclage ou la fin de vie des produits	❏	❏
Augmentation de la durée de vie des produits	❏	❏
Mise en place de système de collecte et de recyclage des produits et des emballages	❏	❏
Autre (précisez)	❏	❏

Commentaires :

. . . .

. . . .

. . . .

. . . .

. . . .

85. Vous trouverez ci-dessous une liste d'indicateurs. Elle n'est pas exhaustive mais a pour objectif de vous indiquer le type d'indicateurs qui peuvent être utilisés. Cochez ceux qui sont pertinents par rapport à vos enjeux :

❑ Nombre de jours de formation et nombre de collaborateurs formés au respect de l'environnement

❑ Nombre de sites ayant subi un audit environnemental

❑ Taux de rejet dans l'air (gaz à effet de serre ou polluants)

❑ Taux de rejet dans l'eau

❑ Volume des déchets par type et par nature de traitement

❑ Part des déchets recyclés

❑ Consommation directe d'énergie (eau, électricité…)

❑ Consommation d'énergie pour le transport des produits, des personnes

❑ Part d'énergie renouvelable consommée

❑ Consommation d'énergie par l'utilisation des produits commercialisés

❑ Pourcentage des produits récupérables et/ou récupérés en fin de vie

❑ Impacts environnementaux des produits achetés à des fournisseurs ou sous traitants (matériel informatique, papier, encre…)

En avez-vous identifié d'autres ?

– . . . .

– . . . .

– . . . .

– . . . .

– . . . .

« ENVIRONNEMENT NATUREL »

Maintenant que l'ensemble du questionnaire a été rempli et que vous avez identifié les enjeux les plus importants et les enjeux les moins importants, vous pouvez les reporter dans le tableau de synthèse ci-dessous.

En croisant l'importance des enjeux avec votre évaluation du niveau de pratique, vous allez ainsi visualiser les points sensibles sur lesquels agir pour progresser vers la performance globale.

Il peut être aussi intéressant de noter les enjeux que vous jugez moins importants afin de se rendre compte si la répartition en temps, énergie et moyen dans l'entreprise est bien cohérente avec votre évaluation de l'importance de ces enjeux.

Vous disposez d'une grille pour votre propre évaluation, une grille pour la partie prenante à qui vous avez décidé de soumettre également ce questionnaire et une grille pour croiser ces deux évaluations.

Évaluation par le dirigeant

Visualisation de votre évaluation et identification des points d'amélioration

	Niveau satisfaisant	Niveau moins satisfaisant	
Enjeux très importants	– – – – –	– – – – –	☛ **Vos points les plus sensibles**
Enjeux moins importants	– – – – –	– – – – –	

Notez dans ce tableau simplement les numéros des questions.

Évaluation « partie prenante »

Évaluation par la partie prenante à qui vous avez soumis ce questionnaire

	Niveau satisfaisant	Niveau moins satisfaisant	
Enjeux très importants	– – – – – –	– – – – – –	☞ **Vos points les plus sensibles**
Enjeux moins importants	– – – – –	– – – – –	

Synthèse croisée

Confronter les évaluations du dirigeant et de la partie prenante consultée

Le groupe de pilotage de la démarche peut :

- *organiser un débat sur les questions communes,*

- *comparer les enjeux importants,*

- *discuter des points de désaccord en éclairant particulièrement en quoi et pourquoi ils représentent des enjeux forts pour l'entreprise. Des éléments d'explication peuvent être recherchés dans les faits, l'histoire de l'entreprise et son fonctionnement.*

Après avoir croisé ces évaluations, quels sont les points finalement retenus pour la partie prenante « Environnement naturel » ?

	Niveau satisfaisant	Niveau moins satisfaisant	
Enjeux très importants	– – – – – –	– – – – – –	☞ **Vos points les plus sensibles**
Enjeux moins importants	– – – – –	– – – – –	

Si plus de 5 questions numérotées apparaissent dans le cadre en haut à droite, il est préférable d'entourer celles qui vous semblent prioritaires afin de pouvoir, à l'issue du diagnostic complet, transformer en plans d'action les points d'amélioration qui demandent une solution immédiate.

L'environnement sociétal,
partie surprenante

Une entreprise ne peut pas se développer durablement dans le désert. Énoncée ainsi, cette affirmation paraît évidente. Combien d'entreprises, pourtant, sont-elles réellement attentives aux interactions permanentes qui se produisent entre elles et la société qui les entoure ? Si elles peuvent fonctionner, c'est grâce à la qualité des réseaux de communication, de télécommunication, d'énergie qui leur sont offerts, grâce aussi au système d'éducation et de formation qui leur fournit des salariés compétents, au système de protection sociale qui prend ceux-ci en charge en cas de défaillance ou grâce, encore, au marché solvable qui est en mesure de leur acheter leurs produits et services…

En retour, les activités des entreprises ont un impact sur le territoire où elles interviennent. Elles lui apportent généralement des emplois, de la richesse et favorisent le développement du tissu économique local (elles sont aussi source de nuisances mais cette question relève de la partie prenante environnement naturel.)

PAYER SES IMPÔTS NE SUFFIT PAS

Bien entendu, la plupart des dirigeants ont une certaine conscience de ces interrelations. Mais ils n'en tirent pas obligatoirement toutes les conséquences. Ainsi gardent-ils souvent une vision « prédatrice » de ce lien. Ils ont tendance à considérer que la société est au service de leur entreprise, qu'elle fait partie des ressources dont ils peuvent librement disposer et qu'ils « achètent » par les impôts qu'ils lui versent.

Payer ses impôts ne suffit pas. Parce que l'argent ne règle pas tout. Une seule illustration : beaucoup d'entreprises s'acquittent de l'obligation d'employer des handicapés par une « contribution libératoire » qui a été établie, il y a quelques années (1991). Résultat : ceux-ci trouvent encore plus difficilement du travail que du temps où cette contribution n'existait pas. Même s'ils reçoivent une allocation plus conséquente, elle ne remplace pas le travail qui représente pour eux – comme pour tout le monde – une possibilité d'insertion et de reconnaissance. L'entreprise peut-elle ne continuer de réguler ses relations avec la société qu'en payant toujours plus de charges et d'impôts ?

UN ENGAGEMENT DU DIRIGEANT ET DES SALARIÉS

Ne serait-il pas préférable de concevoir cette relation comme un véritable échange, un partage mutuel de responsabilité qui dépasserait les seules tractations économiques et financières ?

La société est une partie « surprenante » de l'entreprise, non seulement parce qu'elle est une partie prenante qui peut paraître inattendue (elles n'ont pas de lien immédiat entre elles, comme les autres parties prenantes) mais aussi parce qu'elle est, en quelque sorte, « au-dessus » de l'entreprise, qu'elle l'englobe. L'idéologie du tout économique nous fait parfois oublier que l'entreprise est un acteur, parmi d'autres, de la société. Il est réducteur d'opposer l'intérêt de l'entreprise à celui de la « société civile », comme si celle-là constituait une entité à part de celle-ci. Leurs destins sont en réalité étroitement liés et la réussite de l'une détermine le succès de l'autre.

L'enjeu est donc, pour les entreprises, de rendre plus actives, plus dynamiques et plus efficaces, pour les deux parties, les interactions qui existent de fait entre elles, chacune en tirant une certaine plus-value. Concrètement, cela signifie qu'il faut établir des partenariats avec l'ensemble des autres acteurs locaux – élus, collectivités et administrations locales, écoles, universités, associations, club sportifs… – en se donnant des objectifs réalistes et compatibles avec les possibilités de l'entreprise. Celle-ci peut, par exemple, s'impliquer dans l'éducation et la formation, l'aménagement du territoire, la lutte pour l'insertion et contre l'exclusion, l'action humanitaire, la vie associative, les clubs sportifs. Cela ne relève pas du seul engagement du dirigeant qui doit aussi favoriser l'engagement de ses salariés dans les différentes instances locales, politiques, syndicales, patronales, associatives.

Bien sûr, ces pratiques existent plus ou moins dans toutes les entreprises. Mais elles restent la plupart du temps informelles, soumises à la bonne volonté de tel ou tel. Pour que cela devienne une véritable performance sociétale, il est nécessaire de mieux structurer ces relations, de les formaliser et de les intégrer dans la stratégie. C'est à ces conditions qu'elle pourra concourir à la performance globale de l'entreprise.

CORESPONSABILITÉ

Une telle implication de l'entreprise dans la cité fait parfois débat. Certains y voient le retour d'une certaine forme de paternalisme, c'est-à-dire de prise en main du social par l'économique. Effectivement, les patrons des grandes industries de la fin du XIXe siècle avaient tendance à ériger leur propre cité autour de l'usine : maisons, hôpital, école, commerces, tout dépendait de l'entreprise. Ils voyaient parfois celle-ci se poser en modèle de société. Il est bien clair qu'il ne s'agit en aucun cas, ici, d'en revenir à ce type de dépendance étroite. L'entreprise n'a pas à se substituer à la cité, mais à prendre sa part de responsabilité citoyenne pour retrouver la place qui est la sienne comme un des éléments moteurs de la société, à côté des autres acteurs politiques, sociaux, culturels, et avec eux.

Entreprise et société sont, en quelque sorte, coresponsables de leur devenir.

Définition : la société par rapport à l'entreprise

Pour l'entreprise, cette partie prenante correspond à l'ensemble des partenaires avec qui elle n'a pas de liens obligatoires et qui n'interviennent pas directement dans son exploitation. Autrement dit, tous les partenaires potentiels qui ne sont pas inclus dans les autres parties prenantes.

Le domaine Environnement sociétal recouvre donc les relations mises en place par l'entreprise avec les acteurs apparemment les plus éloignés de son métier, c'est-à-dire des acteurs économiques, sociaux, politiques, culturels des communautés nationales ou locales dans lesquelles l'entreprise a décidé de s'implanter.

Témoignage

Supplément d'âme

Alain Gavand Consultants est un cabinet de recrutement et de ressources humaines, qui compte 25 personnes sur quatre sites (Paris, Dijon, Lyon et Besançon). Cette entreprise a décidé, il y a quelques années, de mettre le candidat au centre de l'entreprise et de le traiter à l'égal du client.

Qui a fréquenté les cabinets de recrutement sait que le statut de candidat n'est pas aisé. Il doit se dévoiler, expliquer sa trajectoire personnelle, son parcours professionnel, justifier ses compétences et ses motivations, se livrer à des tests psychologiques, face à un consultant chargé, certes courtoisement, d'évaluer sa personnalité et son profil à l'aune des attentes et des besoins de l'entreprise cliente. Autant dire que, comme le patient face au médecin, le candidat, surtout s'il est en recherche d'emploi, est parfois en position de faiblesse face au consultant.

Fort de ce constat, conscient, pour avoir mené l'enquête, de l'image négative que les candidats avaient des cabinets de recrutement et soutenu par son équipe de consultants, tous psychologues de formation qui souhaitaient exercer leur métier de manière plus humaine, Alain Gavand a changé toute l'organisation de son cabinet pour donner au candidat une place plus importante.

Concrètement, cela se traduit par la mobilisation de toute l'équipe, de l'assistant au consultant, pour que le candidat soit considéré à sa juste place et traité comme un client. Sont mis en place des indicateurs de satisfaction des candidats qui sont analysés par la personne en charge de la qualité et qui stipulent qu'un seuil de satisfaction inférieur à 80 % doit donner lieu à des actions correctives. Ainsi les candidats se voient-ils remettre un questionnaire de satisfaction lors de leur passage dans les locaux et rappelés systématiquement par un consultant, même si leur candidature n'a pas été retenue, pour avoir un retour sur leur profil et, le cas échéant, des conseils de carrière.

Cette démarche, exigeante en termes de comportements et d'organisation, surprend bien évidemment les candidats peu habitués à être aussi bien considérés. Parfaitement intégrée et partagée par les salariés, cette attention portée au candidat, qu'il soit en poste ou en recherche d'emploi, séduit également nombre d'entreprises clientes, qui choisissent Alain Gavand Consultants pour le supplément d'âme que l'entreprise a su donner à son métier.

Questionnement

Comment remplir ce questionnaire pour identifier ses points d'amélioration :

- *Enjeu très important ou moins important : pour l'entreprise, en cohérence avec ses axes stratégiques, en tenant compte du secteur d'activité dans lequel elle se trouve et de ses spécificités.*

- *Niveau satisfaisant ou moins satisfaisant : évaluation par rapport à ce qui se pratique dans l'entreprise, toujours au regard de ses axes stratégiques.*

L'objectif est de positionner l'évaluation dans la synthèse en fin de chapitre en identifiant 5 points sensibles maximum sur lesquels agir prioritairement (pour plus de précision, voir chapitre « Comment vous servir de ce guide ? » p. 25).

I – S T R A T É G I E

	Enjeu très important	Enjeu moins important	Niveau satisfaisant	Niveau moins satisfaisant
86. La stratégie de l'entreprise intègre-t-elle la volonté de contribuer au développement de son environnement sociétal proche ou plus lointain ? ❏ oui ❏ non				

Si oui, dans quels domaines ?
- ❏ Sportif amateur
- ❏ Santé
- ❏ Culturel
- ❏ Lutte contre l'exclusion
- ❏ Environnement naturel
- ❏ Tissu économique local
- ❏ Humanitaire
- ❏ Éducation
- ❏ Social
- ❏ Autre (précisez)

Commentaires :

. . . .

. . . .

. . . .

. . . .

. . . .

. . . .

	Enjeu très important	Enjeu moins important	Niveau satisfaisant	Niveau moins satisfaisant
87. Comment l'entreprise prend-elle en compte le respect de son environnement sociétal ?				
❑ En favorisant l'emploi local				
❑ En privilégiant l'insertion				
❑ En choisissant des fournisseurs locaux				
❑ Par l'investissement de proximité				
❑ En favorisant l'engagement associatif ou politique de ses collaborateurs				
❑ Par une mise à disposition de matériel et infrastructures				
❑ Par une allocation de ressources humaines et financières				
❑ Par une aide à la création d'entreprise				
❑ Par la formation et la promotion de personnes issues du bassin local				
❑ Par la mise à disposition facilitée des produits et services pour les populations en difficulté				
❑ Par la participation à des missions d'information sur la consommation durable				
❑ Autre (précisez)				

Commentaires :

....

....

....

....

....

....

....

....

....

	Enjeu très important	Enjeu moins important	Niveau satisfaisant	Niveau moins satisfaisant
88. Quelles sont les ressources humaines et financières que l'entreprise affecte aux initiatives en faveur de l'environnement sociétal ?				

Commentaires :

. . . .
. . . .
. . . .
. . . .
. . . .
. . . .

	Enjeu très important	Enjeu moins important	Niveau satisfaisant	Niveau moins satisfaisant
89. L'entreprise met-elle en œuvre des actions pour garantir le respect fondamental des droits de l'homme ? ❏ **oui** ❏ **non** ❏ Travail forcé ❏ Travail des enfants ❏ Non-respect de la vie privée ❏ Non-discrimination ❏ Autre (préciser…)				

Commentaires :

. . . .
. . . .
. . . .
. . . .

90. Vous trouverez ci-dessous une liste d'indicateurs. Elle n'est pas exhaustive mais a pour objectif de vous indiquer le type d'indicateurs qui peuvent être utilisés. Cochez ceux qui sont pertinents par rapport à vos enjeux :

❑ Part du budget alloué à des œuvres sociales, humanitaires (SIDA, travail des enfants, travail forcé, PVD…)

❑ Part du budget alloué à des investissements locaux (formation…)

❑ Part du budget consacré à la veille territoriale (évolution des emplois locaux…)

❑ Actions en faveur de la diversité de collaborateurs dans l'entreprise (nombre, budget ou ressources humaines allouées)

❑ Actions en faveur de l'insertion (nombre, budget ou ressources humaines allouées)

❑ Nombre de jours de collaborateurs consacrés à des actions bénévoles

❑ Actions engagées pour lutter contre les formes déloyales de concurrence (nombre, budget ou ressources humaines allouées)

En avez-vous identifié d'autres ?

– . . . .

– . . . .

– . . . .

– . . . .

– . . . .

« ENVIRONNEMENT SOCIÉTAL »

Maintenant que l'ensemble du questionnaire a été rempli et que vous avez identifié les enjeux les plus importants et les enjeux les moins importants, vous pouvez les reporter dans le tableau de synthèse ci-dessous.

En croisant l'importance des enjeux avec votre évaluation du niveau de pratique, vous allez ainsi visualiser les points sensibles sur lesquels agir pour progresser vers la performance globale.

Il peut être aussi intéressant de noter les enjeux que vous jugez moins importants afin de se rendre compte si la répartition en temps, énergie et moyen dans l'entreprise est bien cohérente avec votre évaluation de l'importance de ces enjeux.

Vous disposez d'une grille pour votre propre évaluation, une grille pour la partie prenante à qui vous avez décidé de soumettre également ce questionnaire et une grille pour croiser ces deux évaluations.

Évaluation par le dirigeant

Visualisation de votre évaluation et identification des points d'amélioration

	Niveau satisfaisant	Niveau moins satisfaisant	
Enjeux très importants	– – – – – –	– – – – – –	☞ **Vos points les plus sensibles**
Enjeux moins importants	– – – – –	– – – – –	

Notez dans ce tableau simplement les numéros des questions.

Évaluation « partie prenante »

Évaluation par la partie prenante à qui vous avez soumis ce questionnaire

	Niveau satisfaisant	Niveau moins satisfaisant	
Enjeux très importants	– – – – – –	– – – – – –	☛ Vos points les plus sensibles
Enjeux moins importants	– – – – –	– – – – –	

Synthèse croisée

Confronter les évaluations du dirigeant et de la partie prenante consultée

Le groupe de pilotage de la démarche peut :

- *organiser un débat sur les questions communes,*

- *comparer les enjeux importants,*

- *discuter des points de désaccord en éclairant particulièrement en quoi et pourquoi ils représentent des enjeux forts pour l'entreprise. Des éléments d'explication peuvent être recherchés dans les faits, l'histoire de l'entreprise et son fonctionnement.*

Après avoir croisé ces évaluations, quels sont les points finalement retenus pour la partie prenante « Environnement sociétal » ?

	Niveau satisfaisant	Niveau moins satisfaisant	
Enjeux très importants	– – – – – –	– – – – – –	☛ Vos points les plus sensibles
Enjeux moins importants	– – – – –	– – – – –	

Si plus de 5 questions numérotées apparaissent dans le cadre en haut à droite, il est préférable d'entourer celles qui vous semblent prioritaires afin de pouvoir, à l'issue du diagnostic complet, transformer en plans d'action les points d'amélioration qui demandent une solution immédiate.

Les actionnaires ou associés, partie entreprenante

En droit, l'entreprise appartient à ses actionnaires, puisque celle-ci n'a d'existence juridique que comme société de capitaux. En réalité, dans la plupart des entreprises, ceux-ci sont très peu présents et ne font valoir leurs droits de propriété qu'une fois pas an, au moment de toucher leurs dividendes (ou de constater qu'ils n'en toucheront pas).

Bien entendu ce constat doit être nuancé par la diversité des situations capitalistiques. Lorsque, par exemple, le dirigeant seul ou les associés sont les actionnaires quasi uniques, comme c'est le cas dans beaucoup de PME, ils sont évidemment omniprésents. Cela pose d'autres types de problèmes, comme celui de la confusion entre les biens de l'entreprise et les biens de ses propriétaires ou celui de la prise de décision.

Il y a aussi le cas, de plus en plus répandu, des salariés actionnaires. Mais, la plupart du temps, il s'agit d'actionnaires minoritaires qui ne sont motivés que par les dividendes que générera leur propre travail dans l'entreprise. La « prime » ainsi dégagée fait fonction de « carotte » et ils ne sont pas conscients de leur responsabilité d'actionnaires (il n'est pas sûr qu'on les encourage, d'ailleurs, à cette prise de conscience).

RAISONNEMENT PERVERS

On ne considère donc, ici, comme partie prenante au sens plein, que les actionnaires extérieurs à l'entreprise et, éventuellement, les salariés actionnaires qui savent faire la distinction entre leurs deux « casquettes ». Force est de constater qu'on a alors plutôt affaire à une partie dormante. Peu d'actionnaires sont au courant du rôle qu'ils peuvent jouer dans l'entreprise et les dirigeants se gardent bien de le leur rappeler. Assemblée des actionnaires, conseil d'administration, comité de direction : il y a souvent mélange des genres et confusion des rôles, et l'actionnaire ne sait pas où est sa juste place parce que personne n'a pris soin de la lui définir. Le diagnostic réalisé par les Jeunes Dirigeants dans leurs entreprises fait apparaître que seulement 38 % de leurs actionnaires sont informés sur leur rôle et 48 % des administrateurs connaissent leurs responsabilités.

Si le dirigeant entretient ce flou, c'est peut-être par négligence mais c'est souvent également parce qu'il croit pouvoir ainsi garder les mains libres et agir à sa guise, dès lors que les actionnaires sont suffisamment servis à la fin de l'année. Mais le raisonnement est pervers. En estimant que ceux-ci ne sont intéressés que par la seule rentabilité de leur capital, on les déresponsabilise et on se conduit soi-même dans le piège de la financiarisation de sa propre entreprise qui doit devenir une machine à cracher des dividendes. « Puisque nous n'avons pas notre mot à dire sur la bonne marche de l'entreprise, se disent actionnaires et administrateurs, autant profiter pleinement de ce qu'elle peut nous rapporter. » Une des raisons de la dérive vers le libéralisme financier à laquelle nous assistons au niveau mondial tient à cet éloignement des actionnaires par rapport à l'entreprise et à sa réalité quotidienne.

UN CHOIX STRATÉGIQUE

Historiquement, l'apporteur de capital se confondait souvent avec l'entrepreneur. Sans vouloir revenir à cette situation du capitalisme des origines, il serait bon que les actionnaires, en particulier dans les PME où cela est plus facilement réalisable, retrouvent une dimension entrepreneuriale en participant plus activement à l'élaboration de la stratégie de l'entreprise. Ils redeviendraient alors une des parties « entreprenantes » de celle-ci.

Le choix des actionnaires doit donc correspondre à une stratégie, d'autant plus, comme c'est souvent le cas dans les petites entreprises, si l'assemblée des actionnaires se confond avec le conseil d'administration. Pour être de bon conseil, en effet, les administrateurs doivent connaître le secteur d'activité de l'entreprise et se tenir informés des évolutions socio-économiques dans ce secteur. Ils peuvent également apporter des expertises variées en termes de management, de gestion, de finance, de commerce ou de marketing. La confrontation des idées, l'échange de points de vue différents sont toujours une source de richesse pour le dirigeant et lui ouvrent des perspectives stratégiques originales pour affronter les défis futurs.

C'est au prix d'une telle réhabilitation de leur rôle que les actionnaires se sentiront concernés par la réussite globale de l'entreprise et pas seulement par ses succès financiers. L'exigence de rentabilité à court terme qui s'est développée ces dernières années va à l'encontre de la pérennité des entreprises. Mettre de l'argent dans une société, ce n'est pas le placer à la Caisse d'épargne. Le gain peut être beaucoup plus important, mais il n'est ni automatique, ni régulier. Certains oublient, parfois, qu'investir, c'est prendre des risques. Il faut aider les actionnaires à retrouver ce sens du risque et du long terme par la confiance, en les impliquant dans la bonne marche de l'entreprise, en leur expliquant leurs responsabilités par rapport aux autres parties prenantes, en réaffirmant qu'entreprendre, c'est toujours faire un pari sur l'avenir.

UNE JUSTE PLACE

Considérer les actionnaires comme des plantes vertes qu'on arrose une fois l'an est contre-productif. Pour autant, il ne s'agit pas de les transformer en lianes envahissantes qui se mêleraient de tout dans l'entreprise et interviendraient à tout bout de champ. Comme pour les autres parties prenantes, l'objectif du dirigeant est de leur redonner leur juste place et de les conforter dans leur rôle de conseil, de contrôle et de contre-pouvoir qui est nécessaire à la bonne gouvernance de toute entreprise et qui lui permettra de ne plus sacrifier au « court-termisme » ambiant.

Témoignage

Des actionnaires doublement intéressés

*Les laboratoires Boiron (2 836 salariés à travers le monde, dont 2 147 en France),
entreprise à actionnariat familial, ont décidé en 1987 d'introduire en Bourse près de
la moitié de leur capital pour assurer leur développement, trouver un mécanisme qui
valorise le titre de manière non discutable, mais aussi permettre l'accès des salariés
au capital (voir, aussi, la rubrique Fournisseurs).*

Avec les salariés qui détiennent 4,5 % des actions, les actionnaires particuliers et les investisseurs institutionnels, l'entreprise cultive des relations personnalisées. Pour éviter de tomber dans les travers d'une gestion indicielle, l'entreprise mise chaque année sur la transparence, la fiabilité, la communication. Ainsi, lorsqu'elle participe à des *road shows* au Royaume-Uni, en présence des gestionnaires de portefeuilles anglo-saxons, elle aborde tous les sujets concernant l'entreprise pour la rendre humaine, concrète, sans essayer d'ignorer ou de minimiser les risques. Parce qu'elle est ainsi incarnée, l'entreprise a vu l'intérêt financier des actionnaires se doubler d'un réel intérêt pour elle-même et ses activités.

Le conseil d'administration a aussi créé un comité d'audit, qui n'a pas de pouvoir de décision mais analyse tous les facteurs de risques de l'entreprise et un comité des rémunérations qui veille à la rationalité des rémunérations des dirigeants.

Les bénéfices de cette introduction en Bourse sont nombreux. « Elle a permis, nous explique Thierry Montfort, directeur général, de faire d'énormes progrès sur le plan de la gestion, en devenant encore plus professionnels, rigoureux, transparents. En même temps, nous avons écrit une charte interne à la direction générale qui affirme que notre mission n'est pas de gérer le cours de Bourse, mais de faire avancer le projet d'entreprise. »

Questionnement

Comment remplir ce questionnaire pour identifier ses points d'amélioration ?

• *Enjeu très important ou moins important : pour l'entreprise, en cohérence avec ses axes stratégiques, en tenant compte du secteur d'activité dans lequel elle se trouve et de ses spécificités.*

• *Niveau satisfaisant ou moins satisfaisant : évaluation par rapport à ce qui se pratique dans l'entreprise, toujours au regard de ses axes stratégiques.*

L'objectif est de positionner l'évaluation dans la synthèse en fin de chapitre en identifiant 5 points sensibles maximum sur lesquels agir prioritairement (pour plus de précision, voir chapitre « Comment vous servir de ce guide ? » p. 25).

Ce questionnaire doit être exploité en tenant compte de la situation particulière de la structure de l'actionnariat de l'entreprise. Dans certains cas, des questions se révéleront sans objet.

I – S T R A T É G I E

	Enjeu très important	Enjeu moins important	Niveau satisfaisant	Niveau moins satisfaisant
91. La stratégie défendue par les actionnaires est-elle fortement orientée vers la maximisation du profit ? ❏ oui ❏ non				

Commentaires :

....

....

....

....

....

....

	Enjeu très important	Enjeu moins important	Niveau satisfaisant	Niveau moins satisfaisant
92. Le choix des actionnaires et associés s'inscrit-il dans une stratégie de développement de l'entreprise ? ❏ oui ❏ non				

Si oui, laquelle ?

. . . .
. . . .
. . . .
. . . .
. . . .

	Enjeu très important	Enjeu moins important	Niveau satisfaisant	Niveau moins satisfaisant
93. Y a-t-il une volonté d'impliquer les actionnaires dans la marche de l'entreprise (orientation stratégique, décision…) ? ❏ oui ❏ non				

Si oui, comment ?

. . . .
. . . .
. . . .
. . . .
. . . .

I I – M I S E   E N   Œ U V R E

État des lieux

	Enjeu très important	Enjeu moins important	Niveau très satisfaisant	Niveau moins satisfaisant
94. Comment sont composés le capital social et la répartition des droits de vote ?				
Chef d'entreprise				
Associés				
Partenaires industriels				
Salariés				
Membres de la famille non impliqués				
Autres				

Commentaires :

. . . .

. . . .

. . . .

. . . .

. . . .

Information

	Enjeu très important	Enjeu moins important	Niveau satisfaisant	Niveau moins satisfaisant
95. Les actionnaires et associés sont-ils régulièrement et sincèrement informés ? ❏ oui ❏ non				

Si oui, comment, sur quels sujets et à quelle fréquence ? . . . .

. . . .

. . . .

. . . .

. . . .

. . . .

Rôle de l'actionnaire

	Enjeu très important	Enjeu moins important	Niveau satisfaisant	Niveau moins satisfaisant
96. Les actionnaires ou associés connaissent-ils leur rôle, leurs droits et leurs devoirs ? ❏ oui ❏ non				

Commentaires :

. . . .

. . . .

. . . .

. . . .

. . . .

À quels moments de la vie de l'entreprise, les actionnaires ou associés sont-ils impliqués dans les décisions ?

. . . .

. . . .

. . . .

. . . .

. . . .

Contrôle du dirigeant

	Enjeu très important	Enjeu moins important	Niveau satisfaisant	Niveau moins satisfaisant
97. Les actionnaires et associés ont-ils les moyens de suivre et contrôler les activités du ou des dirigeants ? ❏ oui ❏ non				

Commentaires :

. . . .

. . . .

. . . .

. . . .

Comment est déterminée la rémunération du dirigeant (y compris avantages en nature…) ?

. . . .

. . . .

. . . .

. . . .

. . . .

Responsabilité des administrateurs dans le cas d'une Société Anonyme

	Enjeu très important	Enjeu moins important	Niveau satisfaisant	Niveau moins satisfaisant
98. Les administrateurs connaissent-ils leur rôle, droits et devoirs ? ❏ oui ❏ non				

Commentaire :

....
....
....
....
....
....

Connaissent-ils leurs responsabilités ?   ❑ oui   ❑ non
Commentaires :

....
....
....
....
....
....

Partage des résultats

	Enjeu très important	Enjeu moins important	Niveau satisfaisant	Niveau moins satisfaisant
99. Quelles sont les modalités de partage des résultats ? Pourcentage aux : – actionnaires ou associés ...% – salariés ...% – entreprise ...%				

Commentaires :

....
....
....
....
....
....
....

100. Vous trouverez ci-dessous une liste d'indicateurs. Elle n'est pas exhaustive mais a pour objectif de vous indiquer le type d'indicateurs qui peuvent être utilisés. Cochez ceux qui sont pertinents par rapport à vos enjeux :

❑ Fréquence des conseils d'administration et des assemblées

❑ Composition du conseil d'administration

❑ Pourcentage de la rémunération du dirigeant dépendant des résultats de l'entreprise

❑ Nombre d'informations annuelles

❑ Pourcentage des dividendes distribués par rapport aux résultats

En avez-vous identifié d'autres ?

– ....

– ....

– ....

– ....

– ....

– ....

« LES ACTIONNAIRES ET ASSOCIÉS »

Maintenant que l'ensemble du questionnaire a été rempli et que vous avez identifié les enjeux les plus importants et les enjeux les moins importants, vous pouvez les reporter dans le tableau de synthèse ci-dessous.

En croisant l'importance des enjeux avec votre évaluation du niveau de pratique, vous allez ainsi visualiser les points sensibles sur lesquels agir pour progresser vers la performance globale.

Il peut être aussi intéressant de noter les enjeux que vous jugez moins importants afin de se rendre compte si la répartition en temps, énergie et moyen dans l'entreprise est bien cohérente avec votre évaluation de l'importance de ces enjeux.

Vous disposez d'une grille pour votre propre évaluation, une grille pour la partie prenante à qui vous avez décidé de soumettre également ce questionnaire et une grille pour croiser ces deux évaluations.

Évaluation par le dirigeant

Visualisation de votre évaluation et identification des points d'amélioration

	Niveau satisfaisant	Niveau moins satisfaisant	
Enjeux très importants	– – – – – –	– – – – – –	☞ **Vos points les plus sensibles**
Enjeux moins importants	– – – – – –	– – – – – –	

Notez dans ce tableau simplement les numéros des questions.

Évaluation « partie prenante »

Évaluation par la partie prenante à qui vous avez soumis ce questionnaire

	Niveau satisfaisant	Niveau moins satisfaisant	
Enjeux très importants	– – – – – –	– – – – – –	☞ **Vos points les plus sensibles**
Enjeux moins importants	– – – – –	– – – – –	

Synthèse croisée

Confronter les évaluations du dirigeant et de la partie prenante consultée

Le groupe de pilotage de la démarche peut :

- *organiser un débat sur les questions communes,*

- *comparer les enjeux importants,*

- *discuter des points de désaccord en éclairant particulièrement en quoi et pourquoi ils représentent des enjeux forts pour l'entreprise. Des éléments d'explication peuvent être recherchés dans les faits, l'histoire de l'entreprise et son fonctionnement.*

Après avoir croisé ces évaluations, quels sont les points finalement retenus pour la partie prenante « Actionnaires et associés » ?

	Niveau satisfaisant	Niveau moins satisfaisant	
Enjeux très importants	– – – – – –	– – – – – –	☛ **Vos points les plus sensibles**
Enjeux moins importants	– – – – –	– – – – –	

Si plus de 5 questions numérotées apparaissent dans le cadre en haut à droite, il est préférable d'entourer celles qui vous semblent prioritaires afin de pouvoir, à l'issue du diagnostic complet, transformer en plans d'action les points d'amélioration qui demandent une solution immédiate.

Comment envisagez-vous de faire évoluer vos principes de gouvernance ?

Pour rappel, les principales évolutions à conduire sur les principes de gouvernance (cf. p. 61)

✓ ....

....

✓ ....

....

✓ ....

....

Pour rappel, les actions à mettre en œuvre pour développer la performance économique de l'entreprise (cf. p. 73)

✓ ....

....

✓ ....

....

✓ ....

....

Parties prenantes

À partir des synthèses croisées élaborées pour chaque partie prenante, reportez les points iden-tifiés comme nécessitant une action d'amélioration et affectez leur un degré de priorité suivant le barème ci-dessous :

	Degré de priorité
1	Non prioritaire
2	Peu prioritaire
3	Prioritaire
4	Absolument prioritaire

Partie prenante	Points d'amélioration sélectionnés par vous	Degré de priorité
	(reprendre ici les principaux points que vous avez retenus en haut à droite de chaque tableau de synthèse croisée)[1]	(affectez en face de chaque point un degré de priorité)
Clients	- - -	
Fournisseurs	- - -	
Salariés	- - -	
Environnement naturel	- -	
Environnement sociétal	- - -	
Actionnaires et associés	- - -	

Attention à la cohérence générale :
Les points d'amélioration prioritaires sont-ils bien en cohérence avec les principes de gouvernance et la performance économique de l'entreprise ?

1 Pages : 97 (clients), 113 (fournisseurs), 139 (salariés), 157 (environnement naturel), 171 (environnement social), 187 (actionnaires et associés)

Plan d'action

Nous vous proposons de compléter, pour chaque point d'amélioration demandant une action immédiate, le tableau suivant pour lequel vous trouverez d'abord des exemples :

Exemple sur la partie prenante « Clients »

Point critique
Satisfaction des clients. Elle n'est appréhendée par l'entreprise que sur les impressions et le ressenti de l'équipe commerciale. Il n'est donc pas sûr que l'entreprise ait connaissance de toutes les insatisfactions et que le traitement soit systématique ou que l'analyse afférente soit réalisée.

Objectifs
Mettre en place un processus formalisé de remontée des non-satisfactions

Description de l'action :
– identifier l'acteur le plus pertinent pour prise en charge de la fonction
– mettre en place un questionnaire de satisfaction
– élaborer un tableau de bord avec des objectifs de satisfaction
– mettre en place un traitement de la non-satisfaction
– diffuser les informations en interne

Sous quels délais ?
6 mois

Quels sont les acteurs concernés ?
– responsable commercial
– responsable production
– chef de projet qualité (fonction à créer)

Moyens financiers et humains
10 jours chef de projet

Quels sont les résultats attendus après la réalisation de l'action ?
Avoir une photographie précise de la satisfaction clients avec informations qualitatives et quantitatives
Les relier à des objectifs à définir
Information diffusée et intégrée à tous les niveaux de l'entreprise

Indicateurs concernés :
Taux de satisfaction à mettre en place

Exemple sur la partie prenante « Environnement naturel »

Point critique

Impact environnemental : consommation d'énergie. La consommation d'énergie est importante et croissante. Aucune réflexion ni même prise de conscience n'a été faite à ce jour. Les impacts ne sont ressentis que sur le plan financier.

Objectifs

Mettre en œuvre un plan de réduction de consommation d'énergie

Description de l'action :

– analyser les différents types de consommation d'énergie (chauffage, lumière, processus de fabrication, transport)
– organiser un processus d'information, de sensibilisation, de recueil de propositions auprès des collaborateurs de l'entreprise
– définir des actions d'économie d'énergie
– définir des objectifs quantitatifs de réduction de consommation par type de consommation

Sous quels délais ?

3 mois

Quels sont les acteurs concernés ?

– directeur général
– directeur technique
– directeur administratif et financier
– chaque responsable opérationnel et ses équipes

Moyens financiers et humains

15 jours hommes au total des différentes fonctions de l'entreprise

Quels sont les résultats attendus après la réalisation de l'action ?

Connaître précisément les différents postes de consommation d'énergie
Réduire la consommation d'énergie par un changement de comportement individuel
Modifier des processus de conception et de production par une utilisation plus rationnelle de l'énergie
Constater la baisse de la facture électricité et carburant
Disposer d'un objectif quantitatif de baisse de la consommation pour les 3 ans à venir

Indicateurs concernés :

Électricité consommée par département
Carburant consommé
Pourcentage d'énergie renouvelable utilisée

Exemple sur les « processus de concertation et de décision »

Point critique
Les collaborateurs ne comprennent pas la stratégie de l'entreprise, pensent que les dirigeants ne voient pas les vrais problèmes, ne mettent pas en œuvre les bonnes solutions, orientent l'entreprise dans une mauvaise voie.

Objectifs
Mettre en œuvre un processus d'information et de concertation avec les collaborateurs

Description de l'action :
– réaliser une enquête d'opinion recueillant les commentaires et propositions des collaborateurs
– procéder à des entretiens individuels avec des représentants de chaque fonction
– préparer une réunion d'information entre la direction et les salariés
– mettre en œuvre des « groupes de progrès » ayant pour objet de recueillir les propositions des salariés
– s'engager sur une information périodique sur les orientations de la société et sur le suivi des actions de progrès

Sous quels délais ?
3 mois

Quels sont les acteurs concernés ?
– directeur général
– chaque directeur de fonction
– chaque collaborateur

Moyens financiers et humains
15 jours hommes au total des différentes fonctions

Quels sont les résultats attendus après la réalisation de l'action ?
Amélioration de la compréhension de la stratégie de l'entreprise par les salariés
Amélioration de l'enquête d'opinion interne
Valorisation des collaborateurs
Identification de dysfonctionnement et mise en œuvre d'améliorations de la qualité clients
Restauration de la confiance des dirigeants auprès des salariés

Indicateurs concernés :
Taux de satisfaction des salariés
Nombre d'arrêts de travail
Productivité de l'entreprise

Vos plans d'action

1er Point d'amélioration

1er Point d'amélioration

Point critique :

Objectifs :

Description de l'action :

Sous quels délais ?

Quels sont les acteurs concernés ?

Moyens financiers et humains :

Quels sont les résultats attendus après la réalisation de l'action ?

Indicateurs concernés :

2ᵉ Point d'amélioration

Point critique :

Objectifs :

Description de l'action :

Sous quels délais ?

Quels sont les acteurs concernés ?

Moyens financiers et humains :

Quels sont les résultats attendus après la réalisation de l'action ?

Indicateurs concernés :

3e Point d'amélioration

Point critique :

Objectifs :

Description de l'action :

Sous quels délais ?

Quels sont les acteurs concernés ?

Moyens financiers et humains :

Quels sont les résultats attendus après la réalisation de l'action ?

Indicateurs concernés :

Glossaire

Actionnaire (shareholder, stockholder)

« *Personne physique ou morale propriétaire d'actions d'une entreprise. Il peut disposer de ses actions comme il souhaite, utiliser les droits rattachés à celles-ci, notamment le droit de vote qui lui permet d'avoir une part active dans l'organisation et la gestion de l'entreprise et en percevoir les dividendes. L'actionnaire peut : être informé de la situation de l'entreprise, assister aux assemblées générales et prendre part au vote des résolutions décidées par ces dernières, élire les membres du conseil d'administration ou du conseil de surveillance, être éligible aux fonctions d'administrateur, de membre du conseil de surveillance ou du directoire, déterminer l'usage qu'il sera fait des bénéfices (mise en réserve ou distribution de tout ou partie de ceux-ci entre tous les actionnaires), modifier les statuts de la société, souscrire d'une manière préférentielle aux augmentations de capital, exercer son droit préférentiel d'attribution d'actions nouvelles en cas d'augmentation de capital par distribution d'actions gratuites, exercer toute action en justice pour défendre ses droits, être remboursé de son apport et percevoir un boni de liquidation lors de la dissolution de la société (si la différence entre le montant de l'actif net et le montant des apports effectués est positive). Par ailleurs, l'actionnaire peut voir sa responsabilité engagée si la société réalise des pertes mais c'est une responsabilité limitée à la valeur des actions détenues. On emploie indifféremment, dans le langage courant, les termes actionnaire ou associé. Cependant, on peut réserver le terme actionnaire aux sociétés de capitaux (SA, SCA), dont le capital est composé d'actions et le terme asso-*

cié aux sociétés de personnes ou aux sociétés mixtes (société en nom collectif, société en commandite simple, société à responsabilité limitée) dont le capital social est composé de parts sociales. » (Novethic)[1]

Activisme actionnarial, (shareholder activism)

« Volonté des actionnaires d'améliorer le comportement éthique, social et/ou écologique d'une entreprise, en favorisant le dialogue, en exerçant des pressions, en soutenant une gestion responsable et en votant aux assemblées générales annuelles. » (Alliances)[2]

Code de conduite

« Déclaration officielle des valeurs et des pratiques commerciales d'une entreprise et parfois de ses fournisseurs. Un code énonce des normes minimales et atteste de l'engagement pris par l'entreprise de les observer et de les faire observer par ses contractants, sous-traitants, fournisseurs et concessionnaires. Ce peut être un document extrêmement élaboré exigeant le respect de normes précises et prévoyant un mécanisme coercitif complexe. » (Alliances)

Commerce équitable

« Le commerce équitable a pour vocation d'assurer un revenu décent aux producteurs des pays du Sud pour qu'ils puissent développer leur activité à long terme. Pour garantir ces conditions, il est régi par des règles très strictes qui engagent tous les acteurs de la relation commerciale. Les organisations de commerce équitable sélectionnent des coopératives de petits producteurs parmi les plus défavorisés dans les pays émergents. Pour satisfaire aux critères, ces coopératives doivent être gérées de manière démocratique. Les produits leur sont payés un prix juste, ce qui est possible, entre autres, par la réduction du nombre d'intermédiaires dans la relation commerciale et leur permet de se tenir à l'abri des fluctuations du marché. De même, l'engagement dans une relation commerciale à long terme leur permet de planifier

---

1. http://www.novethic.fr
2. http://www.alliances-asso.org

les récoltes. Le paiement à l'avance d'une partie des achats, voire des prêts avantageux, peut même être fait pour éviter l'endettement auprès des usuriers. Une prime de développement leur permet d'investir dans le développement de leur communauté, par des investissements collectifs, économiques ou sociaux. Enfin les organisations de commerce équitable s'engagent à encourager les producteurs, à utiliser des techniques agricoles respectueuses de l'environnement telle l'agriculture biologique. » (Novethic)

Commerce éthique

Il s'agit du commerce de produits dont l'origine sociale est validée : respect des normes de l'Organisation internationale du travail, non-travail des enfants, ni forcé ni clandestin.

L'exemple le plus abouti aujourd'hui est la campagne « éthique sur l'étiquette » : en 1995, 53 associations et syndicats français ont décidé de créer ce collectif dans le but de sensibiliser les consommateurs à l'importance de l'achat responsable pour faire évoluer les conditions de travail qui sont parfois inadmissibles. Ils œuvrent donc pour la création d'un label social afin que les consommateurs puissent s'appuyer sur une information fiable.

Conseil d'administration

« Le conseil d'administration est un des organes de direction des sociétés anonymes. Il est composé de personnes physiques ou morales élues par l'assemblée générale. Selon la loi, "le conseil d'administration est investi des pouvoirs les plus étendus pour agir en toute circonstance au nom de la société ; il les exerce dans la limite de l'objet social et sous réserve de ceux expressément attribués par la loi aux assemblées d'actionnaires." Il assure une direction collégiale de la société, les administrateurs exerçant collectivement leurs fonctions de direction. En pratique, son pouvoir se borne, dans la plupart des cas, à définir les grandes orientations commerciales, financières, techniques, sociales de l'entreprise et à entériner et contrôler les décisions qui lui sont proposées par son président. Il s'occupe de la nomination de son président et des directeurs généraux de la société et fixe leur rémunération ainsi que celle de ses membres sous forme de jetons de pré-

sence. Il est également chargé d'établir les comptes sociaux. Les décisions du conseil engagent la société. L'actionnaire peut mettre en cause la responsabilité des administrateurs et prouver qu'il a subi un préjudice à cause d'une décision du conseil. Le conseil d'administration doit se réunir au moins une fois tous les deux mois et établir un procès-verbal des délibérations du conseil et un registre de présence. » (Novethic)

Il est fréquent que, pour s'assurer les pleins pouvoirs, le président du conseil d'administration verrouille le système en y plaçant des membres de la famille ou encore des collaborateurs externes complaisants. Pour combattre ces dérives et privilégier la transparence face aux investisseurs, la mise en place d'administrateurs indépendants comme source de contre-pouvoir dans le conseil s'avère efficace.

Développement durable

Le développement durable a été défini en 1987 lors des travaux de la Commission mondiale sur l'environnement et le développement (Brundtland) comme « *un développement qui permet de satisfaire les besoins des générations présentes sans compromettre la possibilité pour les générations à venir de satisfaire leurs propres besoins.* »

Cette notion est souvent réduite à la protection de l'environnement naturel. Pourtant les besoins auxquels il est fait référence doivent s'entendre dans un sens plus large, prenant également en compte les aspects économiques et sociaux.

Voir aussi commerce équitable, commerce éthique.

Éthique

« Ensemble de valeurs issues d'une réflexion personnelle qui guide l'action d'un individu. Dans ce sens philosophique, l'éthique s'oppose à la morale, qui est l'ensemble des valeurs définies par la société ou une communauté et qui s'impose à ses membres. Le terme "éthique" est souvent utilisé, de manière plus ou moins pertinente, pour désigner les démarches responsables dans les entreprises : il renvoie parfois à la "moralisation" des affaires et, en France notamment, à la criminalité financière ou autres pratiques illégales ; dans d'autres cas, du fait de l'histoire de l'investissement responsable, né au début du vingtième siè-

cle avec les congrégations religieuses, l'approche "éthique" de l'entreprise est souvent le reflet d'une approche "morale", liée à des valeurs religieuses par exemple. En matière d'investissement, elle va de pair avec l'exclusion des entreprises ayant des activités dans des secteurs considérés comme condamnables. » (Élisabeth Laville[1])

Il ne faut toutefois pas confondre l'éthique et la déontologie qui correspond aux devoirs s'imposant aux professionnels et se rattache au métier.

Gouvernance

« *Ensemble de relations entre la direction d'une entreprise, son conseil d'administration, ses actionnaires et les autres parties prenantes. La gouvernance d'entreprise fournit également le cadre au sein duquel sont fixés les objectifs de l'entreprise et définit les moyens de les atteindre et de surveiller les performances.* » (Code OCDE 1999)

GRI (*Global Reporting Initiative*)

« *La Global Reporting Initiative est une initiative internationale à laquelle participent des entreprises, des ONG, des cabinets de consultants, des universités pour élaborer un cadre et des règles destinées aux entreprises soucieuses de développement durable. Elle existe depuis 1997 et son objectif est d'élaborer et de diffuser des lignes directrices pour aider les entreprises à produire, si elles le souhaitent, des rapports sur les dimensions économiques, sociales et environnementales de leurs activités, produits et services. La GRI est soutenue par les États-Unis. En France, c'est l'ORSE qui travaille à la mise en œuvre du référentiel GRI par les entreprises.* » (Novethic)

Indicateurs

Un indicateur est une information quantitative ou qualitative qui doit aider l'entreprise à déployer sa stratégie ou à communiquer. Un indicateur doit répondre à différents critères selon sa finalité et les caractéristiques de l'entreprise.

---

1. Élisabeth Laville, *L'entreprise verte*, Village mondial, 2002.

Investissement socialement responsable

« *Connu en anglais sous le nom* Socially Responsible Investment, *il consiste à gérer des fonds en intégrant des critères de nature sociale et environnementale aux critères financiers classiques. Pour cela les gestionnaires de fonds utilisent les services d'analystes spécialisés dans ce type de rating (en France, nous pouvons citer Vigéo et Core rating).* » (Novethic)

Loi NRE

La loi sur les nouvelles régulations économiques, votée le 15 mai 2001 et mise en application depuis février 2002, impose, dans l'article 116, aux entreprises cotées de rendre public un rapport sur les conséquences sociales et environnementales de leurs activités. Elles doivent, par exemple, communiquer sur leur consommation d'eau et d'énergie ainsi que la répartition homme-femme de leurs effectifs. Pour cela, elles peuvent publier un rapport spécifique ou y consacrer un volet dans le rapport annuel.

Normes

« *Ensemble de procédures, pratiques ou spécifications bénéficiant d'une large reconnaissance. Qu'elles portent sur la qualité (par exemple ISO 9000), sur la performance environnementale (par exemple ISO 14000) ou sur la qualité sociale (par exemple SA 8000), les normes sont utilisées par les entreprises pour progresser et formaliser leur démarche – en se concentrant avant tout sur les moyens et les outils que se donne l'entreprise. Elles permettent aussi, au fur et à mesure de leur développement, d'étendre les bonnes pratiques des pionniers à l'ensemble des entreprises.* » (Laville, *op. cit.*)

Notation

« *Traduit par* rating *en anglais, il s'agit de l'évaluation de la solidité financière d'un établissement financier, d'un émetteur de valeurs mobilières, d'une opération ou d'un organisme de placement collectif en valeurs mobilières (OPCVM). Cette évaluation est faite par des agences spécialisées comme, par exemple, Standard and Poors, qui délivrent des notes. La meilleure est AAA. Il existe des agences spécia-listes d'un autre type de notation, la notation sociale et environnemen-tale. »* (Novethic)

ONG

« Les associations ou organisations de solidarité internationale (ASI ou OSI) font partie de ce que l'on appelle communément les organisa-tions non gouvernementales (ONG). Ce sigle apparaît pour la pre-mière fois dans la Charte des Nations unies (1945) et désigne, à l'origine, des associations privées de nationalités diverses, impliquées dans le traitement d'un certain nombre de questions économiques et sociales traditionnellement dévolues aux politiques de coopération publique. Les OSI ont plus particulièrement pour vocation de mettre en œuvre, en dehors de leurs frontières, des projets de soutien et d'assis-tance au bénéfice de populations démunies ou vulnérables. » (Erwan Queinnec[1])

Parties prenantes

Traduit de l'anglais *stakeholders.* « *Ce néologisme provient d'une volonté délibérée de jouer avec le terme* stockholder *(désignant l'actionnaire) afin d'indiquer que d'autres parties ont un intérêt* (stake) *dans l'entreprise. Le concept de* stakeholder *est initialement mobilisé en stratégie et désigne alors les groupes d'individus indispen-sables à la survie de l'entreprise. »*[2]

Le concept de partie prenante est très souvent repris dans la mise en œuvre de politique de responsabilité sociale de l'entreprise car elle permet aux dirigeants de prendre en considération les attentes en termes économiques, sociaux ou sociétaux de leur environnement.

1. E. Queinnec, « The Ambivalence of the Inherent Nature and Purpose of Humanitarian Organisations : A Research Theme for Management Sciences », *International Social Science Journal,* n° 177, septembre 2003, p. 501-523.
2. S. Mercier, S. Guin-Milliot, *La théorie des parties prenantes : un cadre conceptuel fécond pour la responsabilité sociale de l'entreprise ?* Cinquième Université de printemps de l'audit social.

Un mode de gouvernance basé sur la satisfaction des parties prenantes s'oppose à la seule satisfaction des actionnaires, souvent synonyme de recherche de profit à court terme.

Performance globale

La performance globale résulte d'une négociation permanente entre les domaines économiques, sociaux, sociétaux et environnementaux, en faisant des contradictions une complémentarité. Elle oblige, d'une part, à définir des principes de gouvernance en termes de valeurs, stratégie, processus de décision et de concertation et, d'autre part, à prendre en compte les intérêts des parties prenantes, clients, fournisseurs, salariés, environnement naturel, environnement sociétal et actionnaires.

Processus de décision et de concertation

Dans l'entreprise, des décisions sont à prendre aux niveaux stratégique (planification à long terme), tactiques (pilotage à moyen terme) ou opérationnels (régulation à court terme). Elles résultent, en réalité, d'un véritable processus :

➤ identification du problème,

➤ recherche d'informations,

➤ élaboration des différentes solutions possibles,

➤ choix,

➤ conduite de la solution retenue.

Chaque étape nécessite beaucoup de rigueur car elle conditionne le résultat de l'ensemble du processus. Ainsi, si le problème est mal identifié, le choix finalement retenu pourrait ne pas y répondre. De même, le manque d'information peut pousser à un mauvais choix.

C'est pour cela qu'un tel processus ne doit pas être conduit par une seule personne (le dirigeant par exemple) mais qu'il est important de l'intégrer dans le cadre d'un processus de concertation et de décision plus large. Pour mettre en œuvre une telle démarche de management participatif, le dirigeant doit se questionner sur les parties prenantes à mobiliser dans chaque domaine de décision.

Responsabilité sociale de l'entreprise

La responsabilité sociale de l'entreprise correspond à l'application aux entreprises du concept de développement durable, c'est-à-dire qu'elles doivent prendre en considération les aspects économiques, sociaux et environnementaux. Une manière d'agir pour respecter ces principes est la prise en considération des attentes des parties prenantes.

François Lemarchand, président et fondateur de Nature et Découvertes, a résumé cette idée : « *Développer notre entreprise sur une base durable et profitable en préservant l'équilibre entre les aspirations de nos clients, de nos équipes, de nos fournisseurs et de nos actionnaires afin de contribuer positivement à la société dans laquelle nous vivons.* »[1]

SA 8000

« *SA 8000 est la première norme qui labellise les entreprises en fonction de leur responsabilité sociale. Elle se base sur une évaluation de la qualité, tout comme ISO 9001, mais y adjoint des éléments de respect des droits de l'homme basés sur les règles de l'OIT, de l'United Nations Convention on the Rights of the Child et de la Déclaration des droits de l'homme. Elle permet aux entreprises d'évaluer, selon ces critères, leurs propres sites de production, comme ceux de leurs fournisseurs et sous-traitants. Mise en place par l'agence de certification SAI, la certification est elle-même assurée par des organismes accrédités à la norme SA 8000 tels que le Bureau Véritas Qualité Internationale (BVQI), DNV et SGS, reconnus à cet effet par le CEPAA, l'agence d'accréditation de la norme.* » (Novethic)

---

1. In M. Tixier, *Responsabilité sociale de l'entreprise : regards croisés entre faire et faire savoir*, Gestion 2000, vol. 19.

SD 21000[1] (AFNOR)

Le guide SD 21000, publié en mai 2003, est issu d'un groupe de travail composé de 80 personnes. Il a pour objectif d'apporter une aide à la réflexion initiale pour la prise en compte du développement durable et de la responsabilité sociétale des entreprises lors de l'élaboration de leur politique et de leur stratégie, en particulier en favorisant l'amélioration continue de la performance globale de l'entreprise (dans les trois dimensions économique, environnementale et sociale).

Le guide propose des recommandations qui ne sont pas destinées à des fins de certification ou des fins contractuelles, même si elles ont été élaborées dans un souci de cohérence et de complémentarité avec les normes de système de management (qualité et environnement).

Stratégie

Pour le CJD, le travail d'élaboration de la stratégie est un des fondamentaux de la performance globale, car une des forces de l'entreprise est d'avoir une vision à moyen terme. Cette vision est un état d'esprit, une volonté de donner à l'entreprise la capacité d'orienter ses activités de façon permanente et cohérente avec ses finalités et ses valeurs, en prenant en compte son environnement et les tendances d'évolution de ce dernier.

Valeur et principes d'action

Samuel Mercier[2] définit la notion de valeur comme étant « *ce qui est posé comme bien selon les critères de l'entreprise* ». Il précise qu'il ne faut pas les confondre avec les principes d'actions qui sont « *les règles définissant une manière type d'agir* ».

Il est intéressant d'approfondir ces deux notions car, si elles sont bien deux idées distinctes, elles ne peuvent pas être séparées. En effet, Jean-François Claude rappelle que les valeurs « *servent à orien-*

---

1. SD : Sustainable Development.
2. S. Mercier, *L'éthique dans les entreprises*, La Découverte, 1999.

*ter l'action et les comportements de chacun, dans un sens qui caracté-
rise en propre l'identité de l'entreprise* »[1]. Pourtant, on ne peut que
constater qu'elles ne suffisent pas à remplir ce rôle car elles sont
« *générales et peu concrètes* ». Ces reproches paraissent naturels et
insistent sur la nécessité d'élaborer des principes d'action qui seront
l'interface entre les valeurs et les pratiques :

Les valeurs doivent donc être déclinées, au travers de principes
d'action, sur les activités clés de l'entreprise et sur les relations avec
les parties prenantes pour prise en compte réelle. Afin de faire connaître ses valeurs, l'entreprise les formalise dans un document
nommé « L'énoncé de valeurs ».

L'agence de communication Wellcom ressort, d'une étude, le
« Top 10 » les valeurs des grandes entreprises : l'innovation/le progrès (40 %), le respect (28 %), la valeur clients (22 %), l'intégrité/
l'honnêteté/la transparence (20 %), la responsabilité (19 %), l'esprit
d'équipe et l'esprit d'entreprise, à égalité (18 %), l'environnement
(15 %), la qualité (14 %), la créativité (12 %). Il est à noter que 55 %
des entreprises interrogées choisissent quatre ou cinq valeurs et que
20 % en gardent moins de trois.

Pour sa part, le CJD a choisi comme valeurs « *la loyauté, la solidarité, la responsabilité* et *le respect de l'Homme* » et comme principes
d'actions « *d'avoir l'esprit d'entreprendre, d'être engagé, de pratiquer le dialogue et l'échange et de savoir partager* » (Manifeste pour
la performance globale, juin 2003).

© Éditions d'Organisation

---

1. J.-F. Claude, « Des valeurs à l'action ou comment on concrétise une
charte », *Cadres-CFDT*, n° 401-402, novembre 2002.

Veille

L'état de veille est la position dans laquelle l'organisation se met afin de collecter de l'information et, ce, dans le but de mieux connaître son environnement. Elle recouvre un enjeu stratégique pour l'entreprise. La veille peut s'exercer dans plusieurs domaines. On met ainsi en place des processus de veille organisationnelle, commerciale, concurrentielle, technologique…

Charte du bien-entreprendre 2004

Centre des jeunes dirigeants d'entreprise

Un engagement pour une performance globale de l'entreprise

Le Centre des jeunes dirigeants d'entreprise, dont la vocation depuis 1938 est de « mettre l'économie au service de l'homme », peut être considéré comme le premier mouvement patronal à s'être engagé pour une responsabilité sociale de l'entreprise. Il a donc été naturellement conduit à intégrer le concept de développement durable dans ses travaux.

La « performance globale », que le CJD met aujourd'hui en avant, est la traduction concrète du développement durable dans le monde des entreprises. Elle est une recherche d'équilibre entre performance économique, performance sociale et performance environnementale. Elle suppose une série d'arbitrages permanents entre les intérêts souvent contradictoires des différentes « parties prenantes » de l'entreprise : clients, salariés, actionnaires, fournisseurs, environnement naturel et environnement sociétal. Elle se comprend comme une démarche entrepreneuriale fondée sur des actions cohérentes à moyen et long terme plutôt que sur une maximisation des profits à court terme. En cela, elle relève d'une autre vision de la globalisation que celle qui prédomine actuellement.

Fidèle à sa vocation de « laboratoire du patronat », le CJD a encouragé ses membres à mener, dans plus de 500 entreprises, une expérimentation destinée à les faire progresser vers la performance globale. La présente charte est le résultat du travail et des réflexions des jeunes dirigeants qui se sont engagés dans cette expérimentation.

Pour tendre vers la performance globale dans nos entreprises, nous sommes déterminés, en interaction avec toutes les parties prenantes, salariés, actionnaires, clients, fournisseurs, environnement naturel et environnement sociétal, à progresser pour :

1. Construire une stratégie à au moins 3 ans porteuse de sens pour l'ensemble des parties prenantes. La formaliser, la communiquer et mesurer sa mise en œuvre.

2. Construire une démarche d'appropriation des valeurs de l'entreprise et les décliner en actions concrètes auprès des parties prenantes.

3. Inciter les actionnaires à raisonner à long terme et faire du conseil d'administration un espace de réflexion stratégique et de co-décision, au-delà de la seule préoccupation financière.

4. Favoriser le dialogue social avec des salariés formés et représentatifs.

5. Répartir équitablement, entre les actionnaires et les salariés, les résultats qui ne sont pas investis pour le développement de l'entreprise.

6. Concrétiser une politique d'innovation permanente en favorisant la créativité des salariés, en impulsant au moins un projet d'innovation par an, en développant des alliances avec d'autres entreprises et des centres de recherche.

7. Nous entourer de collaborateurs forts, leur permettre d'exercer leur esprit critique et d'être force de proposition.

8. Faire prendre les décisions par ceux qui, au niveau le plus bas, ont les meilleures connaissances et compétences pour résoudre un problème posé et pratiquer ainsi la subsidiarité.

9. Mettre en place et négocier un itinéraire de formation individualisé favorisant l'employabilité du salarié et la performance de l'entreprise.

10. Concilier l'organisation de l'entreprise avec les choix de vie des salariés : adaptation de la durée et de l'aménagement du temps de travail, prise en considération du projet personnel.

11. Proposer des conditions de travail attractives, construire des relations de qualité qui préservent l'intégrité physique et psychologique des salariés.

12. Faire de la diversité une force pour l'entreprise et mettre en œuvre une politique active de non-discrimination, prenant notamment en compte le sexe, l'âge, les handicaps, l'origine raciale ethnique.

13. Garantir l'indépendance de l'entreprise en évitant qu'un client représente plus de 20 % de son chiffre d'affaires.

14. Dépasser le rapport de force commercial en développant des relations de coopération avec ses clients : implication dans des réflexions stratégiques, dans des projets d'innovation, loyauté dans les échanges.

15. Traiter les fournisseurs comme l'entreprise souhaiterait être traitée par ses clients et, pour cela, définir conjointement avec eux des relations contractuelles fondées sur des objectifs partagés.

16. Ne pas reporter sur des fournisseurs et des sous-traitants, ni externaliser vers d'autres pays la responsabilité sociale et environnementale de l'entreprise.

17. Faire de l'entreprise un lieu de sensibilisation et de pédagogie à la protection de l'environnement et aux enjeux écologiques.

18. Intégrer les impacts environnementaux dès la conception de ses produits ou services et pendant tout leur cycle de vie.

19. Faciliter l'engagement des dirigeants et salariés dans des associations, organisations représentatives et collectivités publiques afin de participer aux orientations économiques et sociales du territoire.

20. Impliquer dirigeants et salariés dans le système éducatif en dispensant des cours, en participant à des projets pédagogiques, en accueillant stagiaires et enseignants.

21. Ouvrir l'entreprise et inviter une pluralité d'acteurs de la société civile dans le cadre d'au moins un projet par an : journée porte ouverte, concours, mécénat, fondation…

Ces actions déclinent les principes du manifeste « Pour donner un sens à la performance » (CJD, Marseille 2002). Elles constituent une base à partir de laquelle les Jeunes Dirigeants vont continuer leur recherche et leur expérimentation de la performance globale.

Bibliographie

Quelques ouvrages de référence

CHAUVEAU Alain et ROSE Jean-Jacques, *L'entreprise responsable*, Éditions d'Organisation, 2003.

CENTRE DES JEUNES DIRIGEANTS D'ENTREPRISE, *La surprenante histoire de Claude-Jean Desvignes, jeune dirigeant*, Éditions d'Organisation, 2004.

DELAPORTE Pierre et FOLLENFANT Teddy, *Développement durable : 21 patrons s'engagent*, Le Cherche midi Éditeur, 2002.

DUBIGEON Olivier, *Mettre en pratique le développement durable : quels processus pour l'entreprise responsable ?* Village mondial, 2002.

FERONE Geneviève, DEBAS Dominique, GENIN Anne-Sophie, *Ce que développement durable veut dire*, Éditions d'Organisation, 2003.

LAVILLE Élisabeth, *L'entreprise verte : le développement durable change l'entreprise pour changer le monde*, Village mondial, 2002.

STEPHANY Didier, *Développement durable et performance de l'entreprise*, Éditions Liaisons, 2003.

Sites internet utiles

Agenda 21 – http://www.un.org/french/ga/special/sids/agenda21

Bilan sociétal du Centre des jeunes dirigeants et acteurs de l'économie sociale – http://www.cjdes.org

Charte des entreprises pour le développement durable publiée par la Chambre de commerce internationale – http://www.iccwbo.org/sdcharter/charter/principles/principles.asp

Centre des jeunes dirigeants d'entreprise – http://www.cjd.net

Global Reporting Initiative du Ceres – http://www.globalreporting.org

Norme SA 8000 – http://www.SA-intl.org

Novethic, centre de ressources et d'expertise sur la responsabilité sociétale des entreprises et l'investissement socialement responsable – http://www.novethic.fr

Orée, association d'entreprises et de collectivité partenaires pour l'environnement – http://www.oree.org

Orse, Observatoire sur la responsabilité sociétale des entreprises – http://www.orse.org

D 21000 (AFNOR) – http://www.afnor.fr

www.ingramcontent.com/pod-product-compliance
Lightning Source LLC
Chambersburg PA
CBHW070358200326
41518CB00011B/1969